Dutch designers Yearbook

nai010 publishers

’23
Dd ’24

Vooruit!

De zomer van 2023 was de warmste ooit gemeten. De klimaatcrisis laat steeds concreter zijn lelijke gezicht zien. Velen vrezen een toekomst op aarde die onleefbaar wordt. We moeten handelen. De bergen die we moeten beklimmen zijn niet alleen hoog, het zijn er veel. Het coverbeeld met werk van textielontwerper Aleksandra Gaca refereert aan zo'n landschap, vol uitdagingen.

Maar wat als het wél mogelijk is om weer een duurzame relatie op te bouwen met de natuur, in plaats van haar te vernietigen? De zintuiglijke, driedimensionale weefsels van Aleksandra Gaca zijn niet alleen esthetisch en duurzaam, ze dragen ook bij aan de isolatie in huizen en gebouwen. De weg voorwaarts begint soms met een enkele draad.

Vanuit die positieve mindset kozen we dit jaar het thema Naturing, een werkwoord dat gaat over 'het ontwerpen met en voor de natuur'. In zijn essay Ontwerpen voor een Volgende Natuur beschrijft multimediaal kunstenaar en filosoof Koert van Mensvoort een nieuwe tijd waarin mens, natuur en technologie samenwerken, en waarbij we met onze creativiteit en inventiviteit een volgende natuur vormgeven. Hij reikt acht ontwerpprincipes aan die daarbij kunnen helpen.

Het geven van een stem aan de natuur vindt weerklank in onze sector en veel ontwerpers dragen in deze sfeer oplossingen aan. Ze zetten zich in voor de rechten van de natuur, produceren voedsel met behulp van overtollig stadslicht, omarmen de nieuwste technologische ontwikkelingen op het gebied van AI en vestigen de aandacht op belangrijke sociaal-politieke kwesties. De betrokkenheid van de designwereld stemt optimistisch.

In deze editie '23-'24 kijken we niet alleen terug op het afgelopen designjaar, maar werpen we ook een blik vooruit. Hoe zal de wereld er uitzien over een jaar? En hoe over honderd jaar? Staan we inderdaad aan de vooravond van een nieuw tijdperk waarin mens, natuur en technologie samen een nieuwe balans creëren? De eerste stappen zijn gezet. En nu verder, design verzet bergen!

Diana Janssen &
Barbara van Santen &
Sophie Tijssen

Forward!

The summer of 2023 was the warmest on record. The climate crisis is rearing its ugly head more concretely than ever, and many fear that a future on earth will become unliveable. We need to take action. The mountains we have to climb are not just high, they are also innumerable. The cover image, featuring the work of textile designer Aleksandra Gaca references this very landscape – one that's filled with obstacles.

Yet what if it were possible to rebuild a sustainable relationship with nature, instead of destroying it? Aleksandra Gaca's sensory, three-dimensional fabrics are more than just aesthetically pleasing and durable, they also improve the insulation of homes and other buildings. Because sometimes the way forward can start with a single thread.

Based on that positive mindset, we chose Naturing as this year's theme: a verb that signifies 'designing for and with nature'. In his essay Designing for a Next Nature, multimedia artist and philosopher Koert van Mensvoort describes an emerging era in which people, nature and technology work together, and in which our creativity and inventiveness will shape a next nature. He outlines eight design principles that can help us on our way.

Giving nature a voice widely resonates in our sector, and many designers are proposing relevant solutions. They are standing up for the rights of nature, producing food with excess urban lighting, embracing the latest technological developments related to AI, and drawing attention to critical sociopolitical issues. The involvement of the design world evokes a sense of optimism.

In this '23-'24 edition we're not just looking back, we're also looking to the future. What will the world look like a year from now? What about in a hundred years? Are we witnessing the dawn of a new era in which people, nature and technology unite to create a new balance? We've taken the first steps. Now it's time to go further. Design can move mountains!

Diana Janssen &
Barbara van Santen &
Sophie Tijssen

Absences that
Evoke Something
Interview with
Karel Martens
↳ Page 34

Designing for a Next Nature
Essay by Koert van Mensvoort
↳ Page 10

Future Nature
Visual Essay
↳ Page 22

Design Graduates
Work by 23 Graduates
↳ Page 58

A(I) Creative Revolution
14 Perspectives
↳ Page 48

Contents

Design Awards
Showcase of 30 Projects
↳ Page 86

Design Year
10 Highlights of 2023
↳ Page 140

Driven to Improve the World
Interviews with 6 Drivers
↳ Page 158

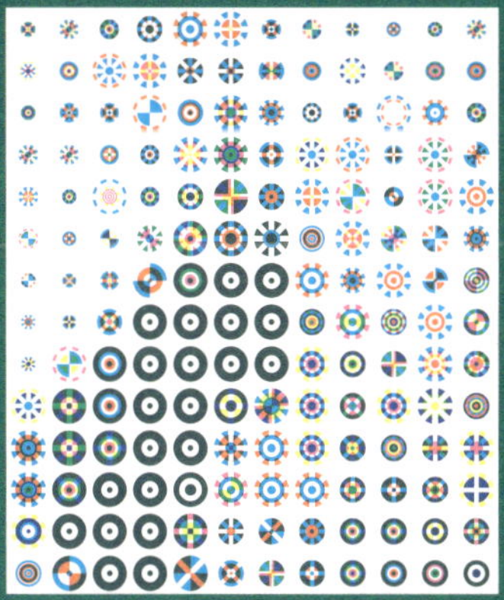

In the Clouds
Visual Story by Karel Martens
↳ Page 174

Contents

Designing for a Next Nature
Essay by
Koert van Mensvoort 10

Future Nature
Visual Essay 22

Absences that Evoke Something
Interview with
Karel Martens 34

A(I) Creative Revolution
14 Perspectives 48

Design Graduates
Work by 23 Graduates 58

Contents

Design Awards
Showcase of 30 Projects 86

Design Year
10 Highlights of 2023 140

Driven to Improve the World
Interviews with 6 Drivers 158

In the Clouds
Visual Story by
Karel Martens 174

Index 180

Credits 184

Contents

Natur

ng

We zijn op zoek naar antwoorden. Multimediaal kunstenaar en filosoof Koert van Mensvoort schreef op ons verzoek een beschouwend essay over de toekomst van het ontwerpersvak in relatie tot ons jaarthema Naturing. Ook BNO Piet Zwart Prijs-winnaar Karel Martens reflecteert op zijn vakgebied en kijkt vooruit. Of we grip krijgen op de razendsnelle ontwikkelingen op het gebied van AI zal blijken uit het profielartikel over de impact hiervan op de designwereld. En Sophie Tijssen belicht een aantal inspirerende projecten op het snijvlak van natuur en technologie, waarbij deze twee aspecten elkaar eerder versterken dan dat ze tegenpolen zijn.

In our search for answers, we invited multimedia artist and philosopher Koert van Mensvoort to pen a contemplative essay about the future of the design field in relation to our theme this year: Naturing. BNO Piet Zwart Award winner Karel Martens also reflects on his field, and looks to the future. The profile article about the impact of AI on the design world considers whether we will get a handle on the rapid advancements in this field. And Sophie Tijssen illuminates a number of inspirational projects at the interface of nature and technology, where instead of being opposites, the two aspects actually offer mutual strength.

Ontwerpen voor een Volgende Natuur

Words: Koert van Mensvoort

Designing for a Next Nature

Image: Barrett Lyon

Seks verkoopt, dat is bekend, maar natuur verkoopt nog beter. Niet overtuigd? Probeer het aantal producten in je omgeving te tellen dat zichzelf met beelden van 'natuur' aanprijst. Zelf heb ik deze oefening al gedaan. Ik werd verrast door de diversiteit aan natuurmarketing. De laptop waarop ik dit essay schrijf is van Apple. Dat bedrijf verkoopt geen fruit, maar computers en telefoons. Hiervoor had ik een BlackBerry. Mijn hardloopschoenen zijn niet van poemaleer gemaakt, de merknaam Puma verwijst enkel naar het sportieve imago van het dier. Het schijnt dat een jaguar nog veel sneller is, maar de Jaguar is dan ook een auto. Lacoste verkoopt geen krokodillenleer, maar poloshirts. Bacardi-rum bevat geen vleermuizenextract, het verwijst slechts naar het actieve nachtleven van de vliegende muizen.

Creative direction: Vlisco
3D set designer: Willem Stapen
Photography: Marta Musial
Fashion designer: Marlou Breuls
Prop designer: Studio IOIA

Naast de zijdezachte wasmiddelen zijn er in de persoonlijke verzorgingssfeer de lavendelshampoos, munttandpasta's, perzikbodylotions en natuurlijke make-up, terwijl make-up toch eigenlijk per definitie niet natuurlijk is omdat het je schoonheid met kunstmatige middelen tracht te vergroten. Ouderdom, rimpels en grijze haren zijn natuurlijk. Niettemin vond ik in mijn boodschappenmandje de Re-Nature shampoo die mijn grijze haren weer jeugdig bruin kleurt. Ik weet niet wat er natuurlijk aan is aan het kunstmatig verhullen van je grijze haren, en toch koop ik het.

Soms is de natuurlijke referentie puur cynisch. Zoals bij de groene Hummer, nee, niet de kolibrie, maar het voor de civiele markt omgebouwde militaire voertuig, waarvan het groene model misschien net wat minder vervuilend is dan de standaardversie. Schilder hem groen en hij zal verkopen!

Tot slot zijn er de biologische, ecologische en organische producten, die in harmonie met en volgens de principes van de natuur zijn geproduceerd. Hoewel daarbij vrijwel nooit wordt vermeld wat die principes precies zijn, is dit een enorme opkomende markt. Marketeers hebben ontdekt dat mensen bereid zijn extra te betalen voor de 'natuurlijke' referentie. Onlangs vond ik een ecologisch insecticide: hiermee kun je insecten doodspuiten, maar wel op een natuurvriendelijke manier.

NATUUR IS HET MEEST SUCCESVOLLE PRODUCT VAN ONZE TIJD

We kunnen het opmerkelijk of zelfs schokkend vinden dat bij zoveel producten natuur wordt ingezet om ze te verkopen. Maar dit is nog maar één kant van het verhaal. Onder het alom aanwezige gebruik van natuur in marketing ligt namelijk nog een ander verhaal, waarvan zelfs de sluwste reclameontwerpers zich misschien maar amper bewust zijn. Als bijeffect van de vele producten die natuur ter promotie inzetten, wordt een even positief als eenzijdig beeld van natuur gepromoot: natuur als de inherent goede, harmonische, gebalanceerde kracht in het leven. De minder zonnige kanten van natuur, zoals extreme wreedheid, dood, infecties, catastrofes, epidemieën en andere amorele willekeur, worden steevast onderbelicht door de marketing. Daarmee kun je immers geen producten verkopen. Voor zover donkere kanten van natuur zoals ouderdom en ziekte een rol spelen, moeten ze worden overwonnen met cosmetica en geneesmiddelen, en bij voorkeur op natuurlijke wijze. Als gevolg van dit marketingmechanisme hebben de meeste mensen een happy clappy-beeld van natuur, dat in feite nogal naïef is.

Ondertussen kan de menselijke impact op onze planeet nauwelijks worden onderschat. Klimaatverandering, massa-urbanisatie, plastic in de oceanen, genetische modificatie. Ongerepte natuur wordt steeds zeldzamer, tegelijkertijd wordt onze ontworpen omgeving zo complex en

As everyone knows, sex sells. But nature sells even better. Not convinced? Have a go at counting the number of products around you that use images of 'nature' to extol their virtues. I did just that, and was surprised by the diversity of nature marketing. I'm writing this piece on an Apple laptop. A company that doesn't sell fruit, but computers and smartphones. I used to have a BlackBerry. My running shoes aren't made from puma leather; the brand name Puma is solely suggestive of the animal's sporty image. A jaguar can apparently run even faster, but the Jaguar is also a car. Lacoste doesn't sell crocodile leather, but polo shirts. Bacardi rum isn't laced with bat extract, the branding just references the active nightlife of flying mice.

In addition to the silky soft detergents, the personal care field is teeming with lavender shampoos, mint toothpastes, peach body lotions and of course make-up, while make-up is anything but natural by definition. It is an attempt to beautify using artificial means. Old age, wrinkles and grey hair are natural. Nevertheless, it was the Re-Nature shampoo in my shopping trolley that promised to return a youthful brown hue to my grey hairs. I've got no idea what's natural about artificially concealing your greying mane, and still I buy it.

The natural reference is sometimes pure cynicism. Like with the green Hummer. No, not the hummingbird, but the military vehicle adapted for the civilian market, the green model of which is perhaps slightly less harmful to the environment than the standard version. Want to sell something? Paint it green!

And then we have the biological, ecological and organic products, which are both in harmony with nature and produced in line with natural principles. Exactly what these principles are is hardly ever stated, but that doesn't get in the way of this being a rapidly growing market. Marketers have discovered that people are willing to dig deeper into their pockets for the 'natural' credential. I recently found an ecological insecticide: this allows you to spray insects to death while being environmentally friendly about it.

Creative direction: Vlisco
3D set designer: Willem Stapen
Photography: Marta Musial
Fashion designer: Marlou Breuls
Prop designer: Studio IOIA

NATURE IS THE MOST SUCCESSFUL PRODUCT OF OUR AGE

It is remarkable, perhaps even shocking, that nature is being used to sell so many products. But this is only one side of the story. You see, below the ubiquitous use of nature in marketing there lies another story, one that even the slyest marketers are perhaps unaware of. As a side-effect of the many products using nature for promotional purposes, an equally positive and one-sided image of nature is promoted: nature as the inherently good, harmonic, balanced force in life. The less cheerful sides of nature, such as extreme harshness, death, infections, catastrophes, epidemics and other amoral capriciousness, are invariably ignored by the marketing machine. You can't very well use those aspects to sell products. And wherever darker sides of nature such as old age and illness play a role, they need to be conquered with cosmetics and remedies, ideally natural ones. As a result of this marketing onslaught, most people have a happy-clappy notion of nature, which is actually rather naïve.

oncontroleerbaar dat we deze als een natuur op zichzelf gaan ervaren. Hoewel er vele initiatieven zijn om onze relatie met natuur te herstellen, in balans te brengen, of de natuur te redden, wordt slechts zelden de vraag gesteld: “Hoe verandert onze relatie met natuur en hoe kunnen we hiervoor ontwerpen?”

KANTELEND NATUURBEELD

Geprinte organen, gekweekt vlees, olieproducerende bacteriën. We leven in een tijd waarin gemaakte en geboren dingen steeds meer door elkaar gaan lopen. Hierdoor is ook het onderscheid tussen natuur en cultuur moeilijk te maken. Traditioneel verstaan we onder natuur alles wat geboren is: planten, dieren, het klimaat, het universum, terwijl cultuur datgene is wat wij mensen ontwerpen en maken. Met de versmelting van ‘geboren’ en ‘gemaakt’ vervaagt deze grens. Is een kloonbaby een voorbeeld van natuur of van cultuur? En wat te denken van de pitloze druif, de regenboogtulp en de transgene muis die chronisch kanker heeft om de medische wetenschap ten dienste te zijn? De aloude tegenstelling tussen natuur en cultuur lijkt ontoereikend om onszelf en de hoogtechnologische maatschappij waarin we leven te begrijpen.

In plaats van natuur en cultuur simpelweg op een hoop te gooien en er niet meer over na te denken, denk ik dat ons beeld van natuur aan het kantelen is. Dit wil ik toelichten

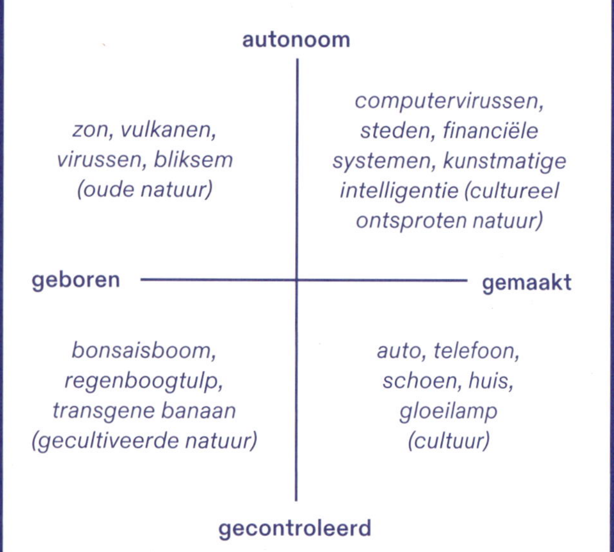

Figuur 1. In de eenentwintigste eeuw worden ‘geboren dingen’ steeds verder gecontroleerd en gecultiveerd (natuur wordt cultuur). Tegelijkertijd is onze gemaakte omgeving zo complex aan het worden dat we de controle verliezen en het een eigen natuurlijke dynamiek krijgt (cultuur wordt natuur). Traditioneel definiëren we natuur als alles wat geboren is. Als dit beeld kantelt naar een idee van natuur als alles wat autonoom groeit, ontstaat er een door mensen veroorzaakte nieuwe natuur.

aan de hand van een eenvoudig schema. Als we op één as ‘geboren’ tegenover ‘gemaakt’ plaatsen en op de andere as ‘gecontroleerd’ tegenover ‘autonoom’, dan hebben we vier kwadranten waarin we allerlei dingen kunnen plaatsen waarvoor we vervolgens onze ontwerpbenadering kunnen bepalen.

In het ‘geboren-gecontroleerd’-kwadrant vinden we een bonsaiboom, regenboogtulp of een genetisch gemodificeerde banaan. Allemaal geboren, maar ook totaal ontworpen en gecontroleerde hypernatuur, die zo ingrijpend door mensen wordt beheerst dat we het eigenlijk geen natuur meer kunnen noemen: dit is design.

Tegelijkertijd is er nog genoeg ‘geboren’ natuur over die wij als mensen niet controleren. Denk aan virussen, vulkanen, de bliksem of de zon. De zon is zoveel groter dan de aarde. Ze heeft een diameter die ruim honderd keer zo groot is en staat aan de basis van al het leven op onze planeet. We zijn er volstrekt afhankelijk van en hebben geen enkele controle over de zon. Nee, wij mensen zijn niet the masters of the universe. We mogen, ondanks onze aanzienlijke ontwerpkracht ten opzichte van andere dieren, wel wat bescheidener zijn over onze plek in het geheel.

In het derde ‘gemaakt-gecontroleerd’-kwadrant vinden we zaken die we met ons menselijk vernuft verregaand kunnen ontwerpen, maken en controleren; een telefoon, gloeilamp, robothondje of auto. Niet zo heel spannend. Maar in het laatste ‘gemaakt-autonoom’-kwadrant ontstaat een interessante situatie. Hier vinden we door mensen gemaakte dingen die aan onze controle lijken te ontsnappen. Denk aan computervirussen, het fileprobleem, steden, digitale netwerken, kunstmatige intelligentie en het financiële systeem. Hoewel er geen twijfel over bestaat dat wij mensen het financiële systeem hebben gemaakt, is het zeer de vraag of wij het nog volledig kunnen controleren nu menselijke beurshandelaren grotendeels zijn vervangen door computeralgoritmes. Ook kunstmatige intelligentie is zonder twijfel door mensen ontwikkeld. Tegelijkertijd weten de makers van neurale netwerken slechts ten dele hoe ze functioneren.

Food for Mars and Moon program
Photography: Wieger Wamelink

Meanwhile, it's very difficult to underestimate the impact of humans on our planet. Climate change, mass urbanisation, plastic in the oceans, genetic modification. Unspoilt nature is becoming increasingly rare, while our designed surroundings are becoming so complex and uncontrollable that we are starting to experience them as a form of nature in itself. While there are many initiatives to restore our relationship with nature, to bring it into balance, or to save nature, the question of "How is our relationship with nature changing, and how can we design with this in mind?" is rarely asked.

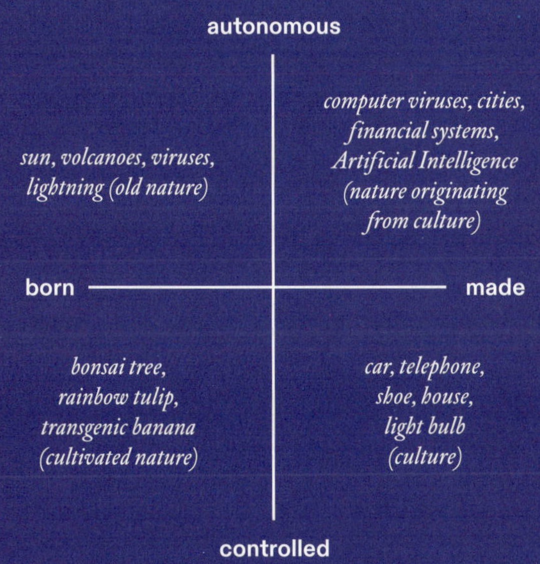

Figure 1. In the twenty-first century, things that are born are increasingly controlled and cultured (nature becomes culture). At the same time, our made environment is becoming so complex that we lose control of it, and it gains its own natural dynamism (culture becomes nature). We traditionally define nature as everything that is born. If this perception shifts to a notion of nature as everything that grows autonomously, a new nature – brought about by people – comes into being.

A SHIFTING PERSPECTIVE OF NATURE

Printed organs, cultured meat, oil producing bacteria. We are living in an age in which made and born things are increasingly becoming intertwined. This also makes it difficult to distinguish between nature and culture. We traditionally view nature as everything that is born: plants, animals, the climate, the universe; while culture is that which people design and make. As 'born' and 'made' merge, this boundary blurs. Is a clone baby an example of nature or of culture? And what should we make of the seedless grape, the rainbow tulip and the transgenic mouse, which has chronic cancer in order to serve medical science? The time-honoured antithesis of nature and culture appears inadequate to enable us to understand ourselves and the high-tech society in which we live.

Food for Mars and Moon program
Photography: Wieger Wamelink

Instead of simply lumping nature and culture together and not giving it another thought, I think that how we see nature is shifting. I would like to explain this using a simple diagram. If we position 'born' opposite 'made' on one axis, and 'controlled' opposite 'autonomous' on the other, we create four quadrants into which we can place all sorts of things to help us determine our design approach.

The 'born-controlled' quadrant contains a bonsai tree, rainbow tulip or a genetically modified banana. All born, but also completely designed and controlled hypernature, which is so fundamentally managed by people that we can no longer really call it nature: it is design.

On the other side of the scale, there is still more than enough 'born' nature that is not controlled by people. Consider viruses, for example, or volcanoes, lightning or the sun. The sun is so much bigger than the earth. Its diameter is more than one hundred times that of our planet, and it is at the very basis of all life on earth. We are completely dependent on the sun, and have no control of it whatsoever. No, we humans are certainly not the masters of the universe. It would be becoming, despite our considerable ability to design compared to other animals, if we were somewhat more modest regarding our position in the greater whole.

In the third 'made-controlled' quadrant, we find things that – thanks to human ingenuity – we have been able to radically design, make and control: a telephone, light bulb, robot dog or car. Not amazingly exciting. But something interesting occurs in the final 'made-autonomous' quadrant. Here we find things made by people that appear to be escaping our control. Like computer viruses, road congestion, cities, digital networks, Artificial Intelligence and the financial system. While there is no doubt that we humans created the financial system, it remains very much the question whether we can still fully control it, now that human traders have largely been replaced by computer algorithms. Artificial Intelligence is also without doubt developed by people. And yet the makers of neural networks only partly understand how they work.

Photography: Elise Catterall, Floragraphic

Essay

"We can no longer really call it nature: it is design."

Koert van Mensvoort

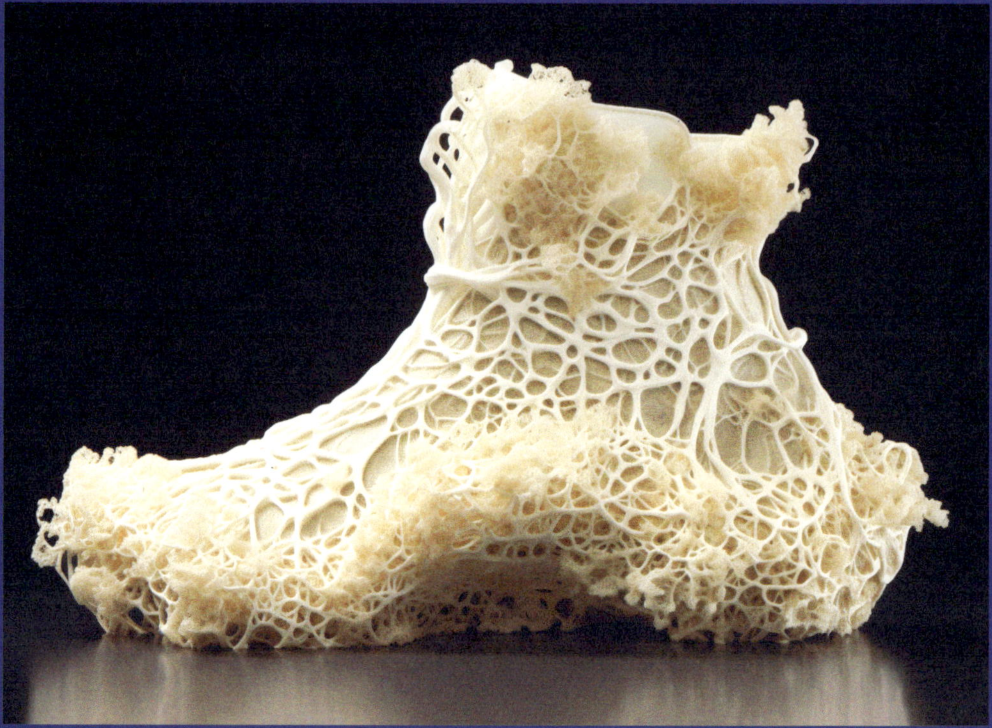

The Growing Sneakers, Nicholas Rapagnani
AI-generated image with Midjourney

NIEUWE ZIENSWIJZE,
NIEUWE ONTWERPBENADERING

Het schema met de vier kwadranten maakt twee belangrijke verhalen in onze tijd zichtbaar. Terwijl we enerzijds de geboren omgeving met steeds meer controle en precisie ontwerpen, wordt tegelijkertijd de door ons ontworpen, gemaakte omgeving zo complex dat we er de controle over verliezen. Biologie wordt technologie én technologie wordt biologie. Als gevolg hiervan lijkt ons natuurperspectief negentig graden te kantelen. De traditionele definitie van natuur als alles wat geboren is, is niet langer houdbaar en verschuift naar alles wat autonoom groeit.

Deze nieuwe kijk vergt een mindshift, een perspectiefwisseling die niet eenvoudig te maken is. We zijn eraan gewend natuur en technologie als tegengesteld te zien, als dag en nacht of zwart en wit. Maar nu komen we tot de ontdekking dat we met onze technologie niet alleen maar natuur weghalen, maar dat die technologie op haar beurt ook een nieuw soort natuur, een 'next nature', veroorzaakt, die misschien wel net zo wild en onvoorspelbaar is.

Deze verandering van perspectief wordt niet van de ene op de andere dag door iedereen geaccepteerd. Het is een breuk met het modernisme van de twintigste eeuw, waarbij de mens geloofde in een ontworpen maakbare wereld die we steeds beter leerden kennen en naar onze hand zouden zetten, om uiteindelijk in een perfecte wereld uit te komen. Dit heeft gevolgen voor ontwerpers. Total design is niet mogelijk. Maakbaarheid is nooit af. Onze ontwerpen krijgen een eigen leven dat je vooraf niet volledig kunt overzien.

Terwijl technologie traditioneel werd begrepen als een middel om onze natuurlijke omgeving te beheersen, vraagt het recent ontstane besef dat technologie een even intrigerende volgende natuur vormt om een andere mindset en benadering ten opzichte van het ontwerp ervan. Hoe kunnen we ontwerpen, bouwen en leven in deze volgende natuur? Ik heb niet alle antwoorden, maar wil een achttal ontwerpprincipes voorstellen die ons hierbij kunnen helpen.

❶ Omarm complexiteit.

Ga voorbij aan het twintigste-eeuwse modernistische verlangen onze omgeving honderd procent te begrijpen, beheersen en maken. Laten we de complexiteit van onze omgeving accepteren en vieren. We kunnen ontwerpen binnen een omgeving die niet in detail gekend is, maar die desondanks gestuurd en verzorgd kan worden. Zie de complexiteit die ons omringt als een autonome partner. Ga ermee in gesprek.

❷ Laat het gemaakte en geborene versmelten.

Streef naar een liefdesverhaal tussen biologie en technologie. Laat een stoel uit een boom groeien, laat op zonne-energie aangedreven robots gewassen zaaien en oogsten, roep de hulp in van een microbe om plastic uit de oceaan op te ruimen, laat kunstmatige intelligentie helpen de taal van walvissen te begrijpen en hun behoeftes te leren kennen.

The Growing Sneakers, Nicholas Rapagnani
AI-generated image with Midjourney

NEW OUTLOOK, NEW DESIGN APPROACH

The diagram with the four quadrants reveals two significant stories in our time. While we design the born environment with increasing control and precision, the made environment, designed by us, becomes so complex that we lose control of it. Biology becomes technology and vice versa. As a result, our perspective of nature appears to shift ninety degrees. The traditional definition of nature as everything that is born is no longer tenable, and shifts to everything that grows autonomously.

This new perspective requires a mindshift, a change in perspective that is not easy to attain. We are accustomed to seeing nature and technology as opposites, like day and night, or black and white. But we are now discovering that our technology is not only removing nature, but that the technology is itself effecting a new type of nature, a 'next nature', which is perhaps just as wild and unpredictable as its predecessor.

This change of perspective will not be accepted by everyone 'just like that'. It breaks with twentieth-century modernism, where we believed in a designed, makeable world that we were getting to know increasingly better and would bend to our will, in order to ultimately arrive at a perfect world. This impacts designers. Total design is not possible. Makeability is never complete. Our designs take on lives of their own, which you cannot determine in advance.

Technology was traditionally perceived to be a means of controlling our natural environment. However, the recent realisation that technology constitutes an equally intriguing next nature demands a different mindset and design approach. How can we design, build and live in this next nature? I don't have all the answers, but I would like to suggest eight design principles that could help us.

❶ Embrace complexity.

Move beyond the twentieth-century modernist yearning to fully understand, control and make our environment. Let's accept and celebrate its complexity! We can design in an environment that is not known in detail, but that can nevertheless be managed and cared for. View the complexity around us as an autonomous partner. Engage with it.

❷ Allow made and born to merge.

Aspire for a love story between biology and technology. Grow a chair from a tree, let solar powered robots sow and harvest crops, call on the help of a microbe to remove plastic from the oceans, invite Artificial Intelligence to help us understand the language of whales and their needs.

❸ Design processes, not products.

So no paper coffee cup as an end product, but a designed process from wood fibre to paper pulp, in which the coffee cup is merely a phase. Waste is food. We need to shape the entire life cycle of a design, not only the object on the table. Think circular. There is no such thing as an end result. It is always the start of a new cycle.

❸ Ontwerp processen in plaats van producten.

Dus geen papieren koffiebekertje als eindproduct, maar een ontworpen proces van houtvezel tot papierpulp waarin dat koffiebekertje een tijdelijk stadium is. Afval is voedsel. We moeten circulair denken en dus de hele levenscyclus van een ontwerp vormgeven, niet alleen het object op tafel. Eindresultaat bestaat niet. Het is altijd het begin van een nieuwe cyclus.

❹ Gestuurde groei in plaats van totale controle.

Kunnen we de groei sturen van autonome processen die we niet honderd procent begrijpen of beheersen? De wereldberoemde wortelbruggen in India zijn een goed voorbeeld; door boomwortels aan weerszijde van de rivier te verbinden ontstaat een brug die steeds sterker wordt. Een totaal andere aanpak dan de modernistische methode van idee, model, constructie en daaropvolgend onderhoud om te voorkomen dat het ontwerp ineenstort. Dit klinkt abstract, maar iedere boer werkt met onzekere processen zoals het weer. Deze kan je niet beheersen, maar je kan er wél op anticiperen. Wat kunnen ontwerpers hiervan leren?

❺ Neem de oude natuur als mentor.

Ons universum bestaat dertien miljard jaar en de aarde vier en een half miljard jaar. Wij mensen zijn er pas net. Bouw voort op bestaande natuur, gewoonten, waarden, tradities en intuïties om ze te combineren en te transformeren tot een eigentijdse ontwerpopstelling. Denk aan de aerodynamica van vogelvleugels voor een vliegtuigontwerp of het nabootsen van de zelfreparerende eigenschappen van planten bij de ontwikkeling van nieuwe materialen. Weet ook dat de volgende natuur geen kopie is van het bestaande. Een vliegtuig vliegt anders dan een vogel. Een duikboot zwemt niet. Laat je inspireren tot iets nieuws. Combineer. Hercombineer.

❻ Ontwerp evolutionair.

Jouw ontwerp leeft. Het wordt onderdeel van een ecosysteem waarin het kan leven, overleven en laten leven. Wat voegt het toe? Hoe ontstaat de balans en synergie met de omgeving? Hoe kan dit verbeteren in een volgende iteratie of generatie?

❼ Humaan ontwerp.

Ontwerp met humane waarden als startpunt. Maak ontwerp dat resoneert met onze zintuigen in plaats van ze af te stompen. Ontwerp dat natuurlijk aanvoelt in plaats van vervreemdend. Ontwerp dat aansluit bij onze intuities. Ontwerp dat niet outsourcet, maar empoweret. Ontwerp dat ons optilt en de dromen realiseert die we voor onszelf hebben. Neem het begrip humaniteit ruim. Ook de vissen in de zee en de biggen in de wei hebben recht op humaniteit. Ontwerp voor leven.

❽ Ontwerp voor een toekomst waar je zelf in wilt leven, die je anderen gunt en die haalbaar is.

Het is niet moeilijk om je voor te stellen hoe de wereld ten onder gaat; wat er mis is en nog mis kan gaan. Dat kost weinig moeite. De kranten staan er vol van. Het vergt verbeeldingskracht je een gewenste, haalbare toekomst voor te stellen, om die vorm te geven en naar ons toe te trekken. Optimisme is een plicht. De beste manier om de toekomst te voorspellen is door hem te maken. En de toekomst maken we samen.

Laten we natuur niet langer zien als een statisch gegeven – het paradijs dat we verloren hebben – maar als een dynamische autonome kracht die we nooit volledig zullen controleren, maar waar we wel continu mee in contact staan en onderdeel van zijn. Natuur als een vaste sparringpartner in onze menselijke ontwikkeling. Laten we de mens niet langer duiden als de anti-natuurlijke soort die de natuur slechts bedreigt en elimineert, maar als een evolutionaire katalysator die de natuurlijke wereld transformeert. Met onze creativiteit en inventiviteit veroorzaken we een next nature, die we lang niet altijd beheersen; ze is wild en onvoorspelbaar als altijd. Wilde software, genetische verrassingen, autonome machines, gekweekt vlees en prachtige zwarte bloemen met zonnepanelen. We staan aan het begin van een nieuwe tijd. Het enige dat we zeker weten is dat dingen zullen veranderen. Hoe? Dat hangt af van onze ontwerpkracht. Laten we inzetten op een toekomst waarin alles en iedereen een beter leven krijgt. Aan de slag! •

❹ Managed growth, not total control.

Can we manage the growth of autonomous processes that we do not fully understand or control? The world-famous living root bridges in India serve as a prime example; by connecting tree roots on opposite banks of a river, a bridge is created that becomes increasingly stronger over time. It's a completely different approach to the modernist method of idea, model, construction and subsequent maintenance to avoid the design collapsing. This sounds abstract, but all farmers work with changeable processes such as the weather, which you do not control, but which you can anticipate. What are the lessons for designers here?

❺ Use old nature as a mentor.

Our universe is thirteen billion years old, and the earth is four and a half billion years old. We humans are relative newcomers. Build on existing nature, habits, values, traditions and intuitions in order to combine them and transform them into a contemporary design. Look towards the aerodynamics of birds' wings for an aircraft design or replicate the self-healing properties of plants when developing materials. Remember that next nature is not a copy of existing nature. A plane flies differently to a bird. A submarine does not swim. Be inspired to create something new. Combine. Recombine.

❻ Be evolutionary.

Your design is alive. It will become part of an ecosystem in which it can live, survive, and let live. What does it add? How is the balance and synergy with the environment created? How can this be improved in a future iteration or generation?

❼ Humane design.

Design guided by humane values. Make design that resonates with our senses, instead of dulling them. Design that feels natural instead of alienating. Design that connects with our intuitions. Design that doesn't outsource but empowers. Design that elevates us and realises our dreams. Use a broad definition of humanity. Fish in the sea and pigs in the pasture are also entitled to humanity. Design for life.

❽ Design for a future that you yourself want to inhabit, that you would not begrudge others, and that is attainable.

It is not difficult to imagine how the world will meet with disaster; what is wrong and can still go wrong. It's not hard at all, just read the newspaper. What does ask a lot of your imagination is to conceive a desired, attainable future, to design it and bring it within reach. Optimism is obligatory. The best way to predict the future is to make it. And we make the future together.

Let's stop seeing nature as something static – as the paradise that we lost – but as a dynamic, autonomous force that we will never fully control, but with which we are always in touch and are part of. Nature as a regular sparring partner in our human development. Let's stop seeing humans as the anti-nature race, which only threatens and destroys nature, but as an evolutionary catalyst that transforms the natural world. With our creativity and ingenuity, we are bringing about a next nature, which we certainly do not always control; she is as untamed and unpredictable as ever. Wild software, genetic surprises, autonomous machines, cultured meat, and beautiful black solar flowers. This is just the beginning. All we know for sure is that things will change. How? That depends on our ability to design. Let's focus on a future in which everything and everyone has a better life. Get to work! •

Future

Wanneer we echt goed kijken naar de wereld om ons heen, kunnen we niet anders dan verwonderd raken over de doordachte aard van de natuur zelf. Dit beeldessay laat zien dat ontwerpers niet alleen makers zijn, maar ook uitvinders die innovatie voor en met de natuur aanjagen. Ze geleiden warmtestromen, communiceren met rivieren, gebruiken kalkhennep als bouwmateriaal en produceren voedsel op basis van overtollig stadslicht. In een wereld waar de grens tussen het natuurlijke en het kunstmatige steeds meer vervaagt, rijst de vraag: wat kunnen we eigenlijk nog als pure technologie beschouwen? En wat niet?

Words: Sophie Tijssen

Nature

When we take a closer look at the world around us, we can't help but be amazed by the thoughtful essence of nature itself. This visual essay shows that designers are not only creators, they are also inventors who accelerate innovation for and with nature. They conduct heat, communicate with rivers, use hempcrete as building material, and produce food from excess urban light. In a world where the boundaries between natural and artificial are increasingly blurred, it begs the question: what can still be regarded as pure technology? And what cannot?

Visual Essay

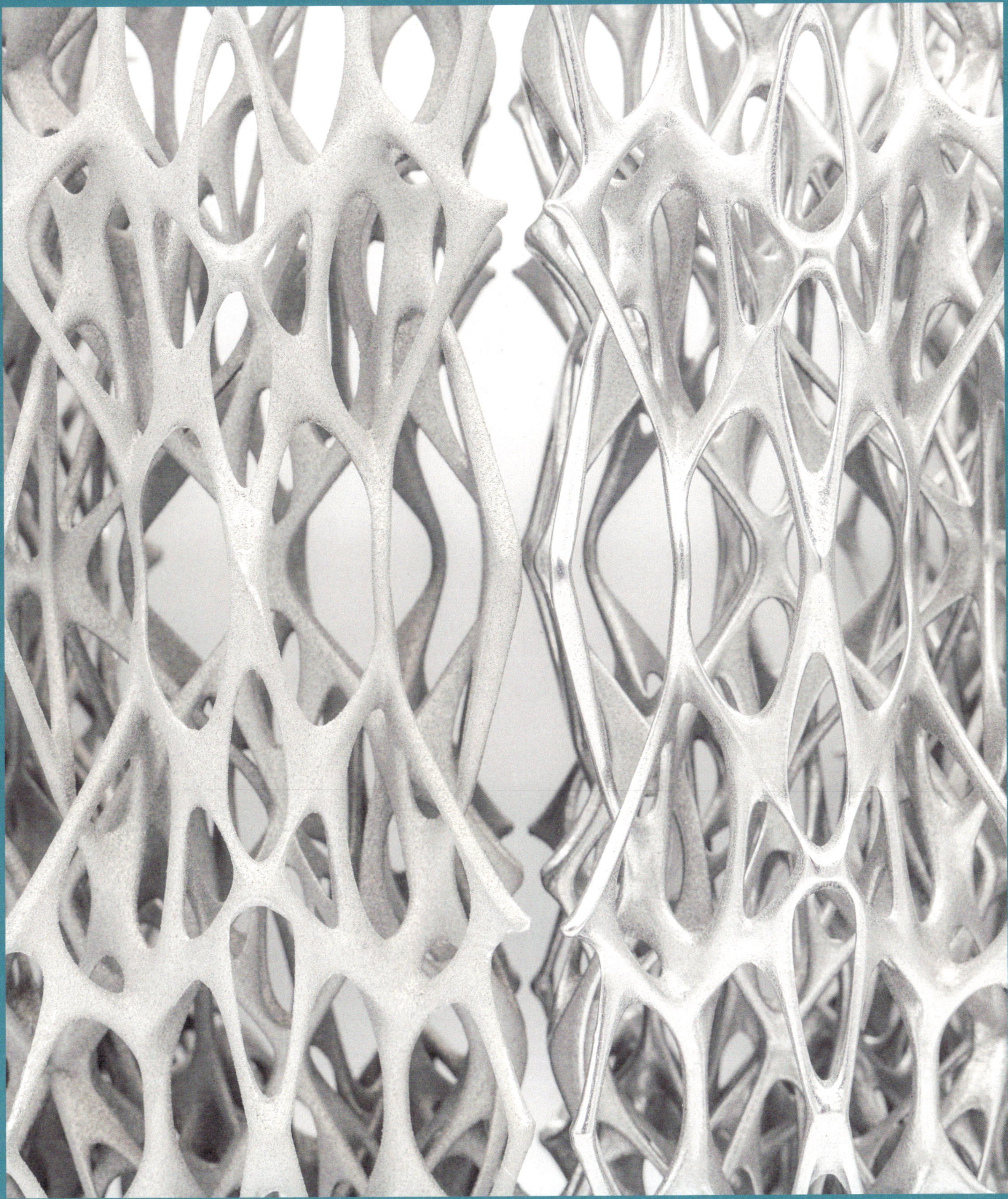

Future Nature

25

Visual Essay

Visual Essay

Future Nature

Visual Essay 30

Index

4F.STUDIO, The Lighthouse
↳ Page 23

Verlichting in steden is verantwoordelijk voor 19% van het wereldwijde energieverbruik en de vervuilende effecten ervan zijn aanzienlijk. De speculatieve bioreactor The Lighthouse gebruikt deze verspilde verlichting om voedsel te laten groeien. De als straatmeubilair gecamoufleerde bioreactor bevat cyanobacteriën, de allereerste fotosynthetische microben op aarde. Doordat stadslichtafval hun groei kan stimuleren, kan de bioreactor in één nacht het equivalent van twee kroppen sla aan voeding produceren.

The Lighthouse, 2022
4F.STUDIO
4f.studio

Urban lighting is responsible for 19% of the world's energy consumption, and causes considerable pollution. Speculative bioreactor The Lighthouse uses this wasted light to grow food. Disguised as street furniture, the bioreactor contains cyanobacteria, the very first photosynthetic microbes on earth. Because excess urban light stimulates their growth, the bioreactor can produce the equivalent of two heads of lettuce worth of food every night.

Better Than Life, Kayak VR: Mirage
↳ Page 24

De smeltende ijskappen van Antarctica, de parelwitte stranden van Costa Rica, de fjorden in Noorwegen en de outback van Australië. In Kayak VR: Mirage is het mogelijk om deze locaties vanuit je huiskamer te bezoeken door middel van Virtual Reality. Met fotorealistische graphics, natuurgetrouwe physics en immersief sounddesign beland je in een wereld die vrijwel niet meer van echt is te onderscheiden.

Kayak VR: Mirage, 2023
Better Than Life
betterthanlife.io

Antarctica's melting ice caps, the pearly white beaches of Costa Rica, the Norwegian fjords, and the Australian outback – Kayak VR: Mirage, makes it possible to visit all these locations from your living room using virtual reality. With photorealistic graphics, lifelike physics, and immersive sound design you enter a world that is virtually indistinguishable from the real thing.

Lilian van Daal, The Peltchair

↳ Page 25

Voor de Peltchair bundelde Lilian van Daal haar ontwerpkracht met de wetenschappelijke kennis van Studio Synergy. Gemaakt van koper en aluminium in een door de natuur geïnspireerde structuur, combineert de Peltchair zowel schoonheid als functionaliteit door energie te genereren met de lichaamswarmte van de gebruiker. Terwijl je erop zit, stroomt er warmte door de stoel, waardoor deze op een zachte manier oplicht. Hoe intenser deze warmtestroom is, des te feller straalt de Peltchair.

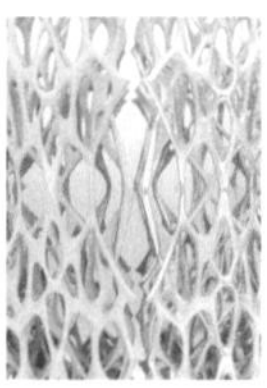

The Peltchair, 2023
Lilian van Daal
Photography: AM Solutions, Rösler Benelux
lilianvandaal.com

To create the Peltchair, Lilian van Daal combined her design skills with the scientific expertise of Studio Synergy. With a nature-inspired structure made of copper and aluminium, the Peltchair brings together beauty and functionality by generating energy from the user's body heat. While you sit on it heat flows through the chair, causing it to glow softly. The more intense the heat source, the brighter the Peltchair shines.

Land-Ally Foundation, Will Water Want

↳ Page 26

Land-Ally Foundation creëerde een serie objecten waarmee de Dommel kan communiceren. De installatie van buizen aan de brug zet de stroming van de rivier om in geluid. Een andere installatie toont het fluctuerende waterniveau door middel van glazen bubbels, geïnstalleerd op verschillende hoogtes. Afhankelijk van het waterpeil zweven de bubbels boven het water of stroomt het water er doorheen. Will Water Want nodigt het publiek uit om na te denken over de praktische, zintuiglijke en misschien zelfs wel spirituele connotaties, die te verbinden zijn aan deze rivier.

Will Water Want, 2023
Land-Ally Foundation
Photography: Marte Mei
land-ally.com

Land-Ally Foundation has created a series of objects that the Dommel can communicate with. An installation of pipes on a bridge converts the river's flow into sound. Another installation shows the fluctuating water levels using glass bubbles positioned at different heights. Depending on the water level, the bubbles float on top of the water or the water flows through them. Will Water Want encourages the general public to think about the practical, sensory, and perhaps even spiritual connotations that can be associated with this river.

Aleksandra Gaca, Rhombus

↳ Page 27

Aleksandra Gaca creëert innovatieve geweven textielproducten die esthetische structuren combineren met hoogwaardige functionaliteit op het gebied van akoestiek en isolatie. Haar stoffen verenigen experimentele weeftechnieken met haar eigen sensuele benadering van materialen, kleuren en patronen. In het productieproces integreert ze ambachtelijke tradities met geavanceerde technologie, waarbij ze soms een proefontwerp op een handweefgetouw maakt voordat ze het resulterende concept overbrengt naar industriële machines.

Rhombus, 2023
Aleksandra Gaca
aleksandragaca.eu

Aleksandra Gaca creates innovative woven textile products that combine aesthetic structures with high-quality acoustic and insulation capabilities. Her fabrics unite experimental weaving techniques with her own sensual approach to materials, colours, and patterns. During the production process she integrates artisanal traditions with advanced technology, sometimes testing a design on a handloom before transferring the resulting concept to industrial machines.

Sunjoo Lee, Machine in Flux - Wood

↳ Page 28

Sunjoo Lee ontwikkelde een sensorische robot geïnspireerd door de groei van de jaarlijkse ringen van bomen. De weersveranderingen in de omgeving worden in de tekening vastgelegd als evoluerende lijnen. De machine reageert uiterst gevoelig op veranderingen in licht, wind, temperatuur, luchtvochtigheid en geluid. Dit project vormt een verkenning van programmeerbare bouwstenen die complexe natuurlijke fenomenen nabootsen, en onderzoekt de capaciteit van machines om de natuur na te bootsen. Het resultaat zijn gedetailleerde illustraties die sterk doen denken aan de jaarringen van bomen.

Machine in Flux - Wood, 2021
Sunjoo Lee and Ko de Beer
sunjoolee.com

Sunjoo Lee developed a sensorial robot inspired by the annual growth of a tree's rings. Weather changes in the surrounding area are recorded in the drawing as evolving lines. The machine responds extremely sensitively to changes in light, wind, temperature, humidity, and sound. This project is an exploration of programmable building blocks that imitate complex natural phenomena, and investigates the capacity of machines to mimic nature. It results in detailed illustrations that strongly resemble tree rings.

De Twee Snoeken, The hempcrete façade of Voorst's town hall

↳ Page 29

Het voormalige gemeentehuis van Voorst voldeed niet langer aan de huidige eisen op het gebied van duurzaamheid en comfort en onderging een volledige transformatie. Architectenbureau De Twee Snoeken ontwierp een gebouw met een gevel die volledig is opgetrokken uit kalkhennep. Een landelijke primeur, aangezien dit bouwmateriaal in Nederland nog niet eerder op deze schaal is toegepast, en een doorbraak in biobased bouwen. Door de gevel te voorzien van een semitransparante keimafwerking blijft de gemarmerde textuur behouden, terwijl de kalkhennep wordt beschermd tegen UV-straling en ongunstige weersomstandigheden.

Hempcrete façade, 2022
De Twee Snoeken
Photography: Joep Jacobs
tweesnoeken.nl

Voorst's former town hall no longer met the current needs of the municipality in terms of sustainability and comfort, so it underwent a complete transformation. Architectural firm De Twee Snoeken designed a building with a façade made entirely out of hempcrete. It's a first for the Netherlands, as this building material has never been used at this scale here before, and a major breakthrough in bio-based construction. The semi-transparent keim finish preserves the marbled texture of the façade and protects the hempcrete from UV rays and unfavorable weather conditions.

Awoiska van der Molen, The Prelude

↳ Page 30

De serie Prelude bestaat uit vijf fotowerken gedrukt op glas. Awoiska van der Molen heeft een unieke manier van presenteren ontwikkeld, waarbij ze de glasplaten zonder omlijsting in de ongerepte natuur plaatst. Door het transparante materiaal is de afbeelding vrij om op te gaan in de omgeving, zonder beperking. Van der Molen's werk ontstaat uit de drang om terug te keren naar het oorspronkelijke leefgebied van de mens, waarmee ze afstand neemt van de moderne wereld en de zintuiglijke overprikkeling die veroorzaakt wordt door mensen en technologie.

The Prelude, 2023
Awoiska van der Molen
awoiska.nl

The Prelude series consists of five photographic works printed on glass. Awoiska van der Molen has developed a unique way of presenting these pieces, placing the frameless glass panels in unspoilt nature. The transparent material enables the images to blend in with their surroundings without any restrictions. Van der Molen's work arises from the urge to return to humans' original habitat, thereby distancing herself from the modern world and the sensory overload caused by people and technology.

Absences that Evoke Something

Interview with Karel Martens

35

Karel Martens (1939) geldt als stille kracht binnen het modernistisch grafisch ontwerp. Maar gedurende zijn ruim zes decennia omvattende carrière heeft hij een stevig stempel gedrukt op het vak. Zijn combinatie van ambachtelijkheid, verwondering, eenvoud en subtiliteit leverde de nog altijd actieve ontwerper de BNO Piet Zwart Prijs 2023 op.

Words: Edo Dijksterhuis
Photography: JW Kaldenbach

Karel Martens (1939) is a quiet force in the realm of modernist graphic design. But over the course of his six-decade career, he's made a serious mark on the profession. His unique combination of craftsmanship, wonder, simplicity and subtlety earned the still-active designer the BNO Piet Zwart Prize 2023.

Als Karel Martens 's ochtends zijn Amsterdamse studio binnenwandelt, twee voordeuren verwijderd van zijn woonhuis, is "er altijd iets te doen", zoals hij zelf zegt. En mocht er niet al een ideetje smeulen in zijn brein, dan wordt het door zijn werkomgeving wel aangewakkerd. De wand is een lappendeken van ansichtkaarten, uitgescheurde krantenartikelen, gedemonteerde klokken, druksels in de meest hallucinante kleuren en souvenirs. Op de planken van stellingkasten ligt een complete verzameling aan afdrukbaar gevonden voorwerpen. En stapels blauwe kratjes zijn voorzien van etiketten die aangeven dat hier papiermonsters, stencilsheets en prentbriefkaarten te vinden zijn. Als die tsunami aan prikkels nog niet genoeg is om de creatieve vonk over te laten springen, kan Martens altijd nog uit het raam kijken, waar Rijnaken en ponten af en aan varen over het IJ.

"Als ik aan iets nieuws begin, pak ik er meestal een stapel schetsen bij", vertelt hij. "Soms komt er eentje bij, soms valt er eentje af. Het is een optelsom van mijn gedachtegoed. Goed beschouwd is het eigenlijk een heel smal oeuvre, dat ik op allerlei manieren heb uitgebuit. Maar dat geldt precies zo voor veel schrijvers. Die beperken zich ook vaak tot één thema of zelfs één verhaal."

De laatste tijd heeft Martens minder gelegenheid de inspiratie om te zetten in ontwerpen. "Sinds het winnen van de BNO Piet Zwart Prijs geef ik veel interviews", zegt de 84-jarige ontwerper. Niet dat dit zijn eerste onderscheiding is. Zijn indrukwekkende palmares begint met de H.N. Werkmanprijs in 1993 en omvat onder andere de Dr. A.H. Heinekenprijs voor de kunst (1996), waarvan hij stelt dat die de meeste impact heeft gehad. "Aan die prijs is veel geld verbonden en ik kon toen eindelijk een nieuwe fiets kopen voor mijn kinderen. Maar de BNO Piet Zwart Prijs betekent ook veel voor me. Omdat hij is toegekend door vakgenoten, maar ook vanwege de naamgever. Piet Zwart is voor mij altijd een inspirerende figuur geweest. Ik stel hem mijn studenten altijd ten voorbeeld, vanwege zijn pionierschap en zijn voorkeur voor ongebruikelijke toepassingen."

Aan dat soort stimulans ontbrak het in de eigen jeugd van de ontwerper, die in het juryrapport wordt geroemd om zijn "blijvende urgentie voor de huidige generatie grafisch ontwerpers en de internationale

When Karel Martens wanders into his Amsterdam studio in the morning, two doors down from his house, he says "there's always something to do." And if he doesn't already have an idea simmering in his brain, his working environment will fuel something. The wall is a patchwork of postcards, ripped-out newspaper articles, dismantled clocks, hallucinatory-coloured prints and souvenirs. A shelving unit houses an entire collection of printable found objects on its shelves. And stacks of blue crates bear labels indicating that paper samples, stencils and picture postcards can be found here. If this tsunami of stimulation isn't enough to light a creative spark, then Martens can always look out the window, where barges and ferries sail back and forth across the IJ.

"Whenever I start something new, I usually grab a stack of sketches", he explains. "Sometimes I add one, and sometimes I lose one. It's the sum of my ideas. All in all, it's actually quite a narrow oeuvre which I've exploited in a variety of ways. But that's also the case for many writers. They often limit themselves to a single theme, or even a single story."

Lately, Martens hasn't had much time to turn his inspiration into designs. "Since winning the BNO Piet Zwart Prize, I've been giving a lot of interviews", the 84-year-old designer says. Not that this is his first accolade. His impressive track record started with the H.N. Werkman Award in 1993 and also includes the Dr. A.H. Heineken Prize for Art (1996), which he says made the greatest impact. "That award came with a lot of money, so I was finally able to buy a new bike for my children. But the BNO Piet Zwart Prize is also really meaningful to me. In part because it was awarded to me by my peers, but also because of its namesake. Piet Zwart has always been an inspiring figure to me. I frequently use him to set an example for my students, because of his pioneering approach and his preference for unusual applications."

That kind of positive reinforcement was lacking in the designer's own youth, yet he was praised in the jury report for his "ongoing sense of urgency for the current generation of graphic designers and the international significance of both his work and design approach." "I wanted to study mathematics, but it didn't work out at secondary school", he says. "I'm dyslexic, but no one recognised it at the time –

SHGFEDCBA
T&RYPONLK
¢$:SROQAM
IJZEXVU9W
087654321
-KM-
#56
4
YOU
an
PANTSERKRUISER POTEMKIN
OKTOBER
Sergei Eisenstein
136219
403563
608700
801971

betekenis van zowel zijn werk als ontwerphouding". "Ik wilde wiskunde studeren maar op de middelbare school wilde het niet lukken", vertelt hij. "Ik ben dyslectisch maar dat onderkende men toen nog niet – ik werd gezien als gewoon dom. Omdat ik wel aardig kon tekenen en dingen maakte – in onze tuin had ik bijvoorbeeld een knikkerfabriek gemaakt, inclusief oventje – kon ik naar de kunstacademie."

GEEN GOUDMIJN

Zijn oma vond dat hij postbode moest worden, een vaste baan voor het leven. Ook zijn ouders waren niet al te verguld met de in hun ogen onpraktische opleidingskeuze, maar de specialisatie 'reclame en illustratief' aan de academie van Arnhem bood tenminste nog carrièreperspectief. "Er ging op de academie een wereld voor mij open", vertelt Martens, met ogen die gaan twinkelen bij de herinnering. "Het was een brede opleiding, je moest alle vakken volgen, van sieraden maken tot schilderen. De ver doorgevoerde specialisatie bij de opleidingen van nu vind ik zo'n verarming. Zo werd in de tijd dat ik lesgaf in Arnhem vanwege bezuinigingen als eerste het vak tekenen geschrapt. Terwijl dat essentiële training is om iets visueel in beeld te brengen, waarmee je leert kijken."

Het vak grafische vormgeving bestond in Martens' studietijd nog niet. "Typografie zat niet in het curriculum en ik kon nauwelijks Times Roman van Helvetica onderscheiden. Maar in mijn afstudeerjaar hing er een briefje op het mededelingenbord, waarmee een serie lezingen over het maken van boeken werd aangeboden. Zo ben ik in contact gekomen met Bep van Tricht. Zij was van oorsprong jurist maar door haar huwelijk met uitgever Jan van Tricht van Van Loghum Slaterus was ze geïnteresseerd geraakt in het boekenvak. Na het vervullen van mijn dienstplicht vroeg ze mij om één dag in de week bij haar te komen werken."

Zijn eerste bezoek aan het kantoor aan de Velperweg herinnert Martens zich nog goed. "Bep gooide een manuscript op tafel, zei 'maak er maar een boek van' en verliet de ruimte. Koortsachtig ging ik aan de slag. Maar alleen al het uitrekenen van het aantal pagina's op basis van een lettertype was toen – zonder computer – heel complex. Na een half uur keerde Bep terug en vroeg: 'hoe is het met het boek?' Ik had natuurlijk

I was just seen as stupid. But because I could draw fairly well and make things – I made a marble factory in our garden, for example, which included an oven – I was able to go to art school."

NO GOLD MINE

His grandmother thought he should become a postman, a steady job for life. His parents were also less than impressed by what they saw as an impractical educational decision, but specialising in 'advertising and illustration' at the Arnhem art academy at least offered some career prospects. "A whole new world opened up for me at the academy", says Martens, his eyes twinkling at the memory. "It was a broad programme; you had to take every subject, from jewellery making to painting. I find the extreme specialisation of today's programmes so unfortunate. Back when I was teaching in Arnhem, due to budget cuts, drawing classes were the first thing to go. Despite the fact that drawing is essential training to learn how to visually portray something, which teaches you how to see."

The graphic design profession didn't yet exist when Martens was in school. "Typography wasn't part of the curriculum, and I could barely tell the difference between Times Roman and Helvetica. But in my final year, I saw something posted on the notice board offering a series of lectures about bookmaking. That's how I got to know Bep van Tricht. She was originally a lawyer, but her marriage to publisher Jan van Tricht from Van Loghum Slaterus sparked her interest in the book trade. After I finished my military service, she asked me to come work for her one day a week."

Martens still clearly remembers his first visit to the office on the Velperweg. "Bep threw a manuscript down on the table, said 'turn it into a book' and left the room. I feverishly got to work. But back then, just calculating the number of pages based on the font was extremely complicated – we didn't have computers. Half an hour later, Bep came back and asked, 'How's it going with the book?' I didn't have anything yet, of course. But in the following months, with her help, I got a handle on the principles of the profession."

Thanks to his unconventional first mentor, Martens found his way to other publishers, which led to a steady stream of projects. "But the book world

"Letters are also images to me, with their own identities. It's not for nothing that they're called 'characters' in English."

nog niets. Maar in de maanden daarna heb ik me met haar hulp de beginselen van het vak eigen gemaakt."

Via zijn onconventionele eerste mentor kwam Martens terecht bij andere uitgeverijen. Zo had hij een constante stroom opdrachten. "Maar het boekenvak is voor een ontwerper geen goudmijn, zeker niet in een klein taalgebied als het Nederlandse. Voor covers kon ik maximaal twee kleuren gebruiken en voor een cliché op de achterkant was geen geld. Maar ik heb de beperkingen van die tijd als een kracht leren zien. Dat kreeg ik zomaar cadeau. De huidige generatie ontwerpers heeft dat niet. Door de vele mogelijkheden van de computer komen ze moeilijker tot scherpe keuzes. Spelregels bepalen nu eenmaal de uitdrukking."

In het geval van Martens stollen die gedachten vaak in cijfers en letters. "Dat je met behulp van tien cijfers iedereen in de wereld kunt bellen en dat met 26 letters ontelbaar veel boeken zijn geschreven waarin geen enkele regel hetzelfde is, behalve wanneer het een citaat betreft, vind ik een mirakel. Door mijn dyslexie ben ik juist erg geïnteresseerd geraakt in taal. Ik moet zinnen drie keer lezen om ze te begrijpen en zie woorden die er niet zijn. Letters

is no gold mine for designers, and certainly not when the language has a limited reach, like Dutch. I could use a maximum of two colours for the front cover, and there was no money for artwork on the back. But I learned to see the limitations of the time as an advantage. That was a gift. Today's designers don't have that. Because computers offer so many possibilities, it's harder for them to make difficult decisions. The rules of the game directly affect the final expression."

In Martens' case, that expression often takes the shape of letters and numbers. "The fact that you can call anyone in the world using just ten numbers, and that countless books have been written with 26 letters where no two lines are the same, except for quotes – I think that's a miracle. My dyslexia actually made me very interested in language. I need to read sentences three times to understand them, and I see words that aren't really there. Letters are also images to me, with their own identities. It's not for nothing that they're called 'characters' in English."

Martens has become a director of his characters. Paper is their stage, and the performance they put on must reach, and preferably move, an audience.

zijn ook beelden voor mij, met een eigen identiteit. Ze heten in het Engels niet voor niets characters."

Martens treedt op als regisseur van zijn personages. Het papier is hun podium en het toneelstuk dat zij opvoeren moet een publiek bereiken, liefst beroeren. De ontwerper heeft het in dat verband over 'nadronk' als belangrijke kwaliteit van grafisch ontwerp. "Friet met mayonaise is direct bevredigend maar niet veel later heb je buikpijn", licht hij toe. "Van een goede wijn heb je een half uur na een slok nog de smaak in je mond waarvan je kunt genieten. Ik wil het publiek ook iets laten ontdekken dat zich niet meteen openbaart. Ik ben voorstander van een absentie die toch iets oproept. Ergens achter zien te komen is meer uitdagend dan iets direct begrijpen."

KNULLIGE MAQUETTE

Als voorbeeld noemt hij zijn omslagontwerp voor Groene Wouden (1983), een bundel waarin jonge kunstenaars worden gepresenteerd. "Met zo'n titel

In that sense, the designer believes that 'aftertaste' is an important quality of graphic design. "Fries with mayonnaise are immediately satisfying, but you'll end up with a stomach-ache shortly after", he explains. "With good wine, you can still enjoy the taste in your mouth half an hour after you take a sip. In the same way, I want the audience to discover something that doesn't reveal itself straight away. I'm an advocate of absences that evoke something. Being able to figure something out is more challenging than immediately understanding it."

CLUMSY MODEL

He cites his cover design for Groene Wouden ('Green Forests', 1983), a collection presenting young designers, as an example. "With a title like that, you obviously can't make the cover green. So I decided to use a complimentary colour: purple. There isn't any green to be seen, but that's indeed what the design is about. I think that's a nice aspiration: enabling readers to feel something that isn't there."

95/96
ENGELS
P
ENGELS
P.
ALCATEL onetouch
ALCATEL onetouch
PASTORS
BEER
12 fl.oz.
BEER
12 fl.oz.
NA
JA2

MATHIEU GEERTSEN BOEKBINDERIJ
GERARD NOODTSTRAAT 68 NIJMEGEN
MAADI
ATEGORY : 1
KGS NETT
OT NO. :
ENGELS
P.
PAINT
clock
JU
LI
AN
17

kan de cover natuurlijk nooit groen worden. Dus heb ik gekozen voor de complementaire kleur paars. Er is geen groen te zien maar het ontwerp gaat er wel over. Dat vind ik een mooi streven: het publiek iets laten voelen dat er niet is."

Een deel van de jonge ontwerpersgarde gaat naar Martens' smaak nogal oppervlakkig te werk. "Ik zie veel kopieergedrag. Het accent ligt op snelheid." Dat komt volgens hem grotendeels door de computer, die met betrekkelijk weinig input van de ontwerper al iets heel redelijks produceert. "Maar computers strijken alles glad en de inherente logica van een ontwerp ontbreekt vaak. Kijk eens naar een maquette van Gerrit Rietveld. Die zijn soms heel knullig, maar je ziet hem zoeken en je kunt meegenieten van zijn ontdekkingen. Dat wordt ons ontnomen door de computer."

Niet dat Martens een verstokte analoge purist is. "Ik ben een modernist die gelooft in vooruitgang, dus ook de computer ga ik niet uit de weg. Toen de computer zijn opwachting maakte, dacht ik: ik ben

Some of today's young designers are working too superficially for Martens' taste. "I see a lot of imitation. They are just focused on speed." In his opinion, computers are mainly to blame, as they can produce something fairly decent with relatively little input from the designer. "Computers smooth everything out and the inherent logic of the design is often lost. Take a look at one Gerrit Rietveld's scale models. Sometimes they are very clumsy, but you can see him searching and you can appreciate his discoveries. Computers take that away from us."

Not that Martens is an incurable analogue purist. "I'm a modernist who believes in progress, so I don't go out of my way to avoid computers. However, when they first appeared, I thought: I'm too old and awkward, I'm not going to get involved with this. But at that time I got a job at the Jan van Eyck Academie where they gave me a computer, and so I was stuck with it. Thanks to my students, I learned how to use it. If I had a problem with QuarkXPress, for example, I grabbed my list of telephone numbers to call

“Take a look at Gerrit Rietveld’s scale models. Sometimes they are very clumsy, but you can see him searching and you can appreciate his discoveries.”

te oud en onhandig, ik doe hier niet aan mee. Maar ik kreeg in die tijd een baan aan de Jan van Eyck Academie, waar ze me een computer gaven en toen zat ik ermee. Dankzij mijn studenten heb ik ermee leren werken. Als ik bijvoorbeeld een probleem had met QuarkXPress dan pakte ik mijn lijstje telefoonnummers om hulp in te roepen. Na afloop zette ik een kruisje achter de naam, want ik kon natuurlijk niet elke keer dezelfde student bellen.”

CREATIEVE HUMUSLAAG

“Ik heb veel te danken aan mijn studenten”, zegt de bescheiden nestor, die in 1998 medeoprichter was van de hoogst succesvolle Werkplaats Typografie en als docent aan de ArtEZ Academie voor beeldende kunsten in Arnhem (17 jaar) en Yale School of Art (22 jaar) honderden vormgevers in spé heeft geïnspireerd. “Ze zijn voor een deel ook verantwoordelijk voor de erkenning die ik later in mijn carrière kreeg. Een oud-student heeft recent een tentoonstelling van mijn werk gemaakt in Korea, een andere is verantwoordelijk voor de expositie die onlangs in China te zien was.”

Ook via zijn eigen kinderen, die allemaal een kunstopleiding hebben gevolgd, houdt Martens

someone for help. Afterwards, I put an ‘x’ next to their name, because I couldn’t call the same student every time, of course.”

CREATIVE LAYER OF SOIL

“I have to give a lot of credit to my students”, says the modest nestor, who co-founded the highly successful Werkplaats Typografie and inspired hundreds of prospective designers while teaching at the ArtEZ University of the Arts (17 years) and the Yale School of Art (22 years). “They are also partially responsible for the recognition I received later in my career. A former student recently organised an exhibition of my work in Korea, and another was responsible for a recent exhibition in China.”

Martens also keeps in touch with the ideas and practices of the younger generation through his own children, all of whom have studied art. Since 2019, they have been working together at Martens and Martens, where he is responsible for graphic design, his daughter Klaartje takes care of product design, and his son Diederik acts as the bridge to their clients. He works on OASE magazine with this daughter Aagje. “It’s nice to be able to continue

voeling met de ideeën en praktijk van de jongere generaties. Sinds 2019 werken ze samen in het werkverband Martens en Martens, waarbinnen hijzelf het grafisch ontwerp verzorgt, dochter Klaartje product design voor haar rekening neemt en zoon Diederik de brug vormt naar opdrachtgevers. Met zijn dochter Aagje werkt hij aan het tijdschrift OASE. "Het is mooi om je werk zo door te kunnen laten gaan", vindt de pater familias, die onlangs nog een serie stoffen voor stoelen lanceerde in samenwerking met meubelmerk DUM en een tafel met Functionals.

Martens heeft altijd meer op de achtergrond geopereerd dan tijdgenoten en mede-modernisten Gert Dumbar en Wim Crouwel, maar wordt tegenwoordig internationaal erkend als star designer. Aan opdrachten dan ook geen gebrek. Maar hij is selectief in wat hij aanneemt en van wie. De esthetische dienst van de PTT, waarmee hij postzegels en telefoonkaarten heeft gemaakt die nu gelden als collectors' items, was volgens hem een fantastische opdrachtgever. Zo ook SUN, de socialistische uitgeverij waarvoor hij boekomslagen ontwierp die behoren tot de hoogtepunten van het modernistisch ontwerp.

"SUN werd gerund door idealisten die tweehonderd procent gemotiveerd waren. Ze namen rustig zes weken voor een boekomslag. We gingen erover vergaderen en tijdens het bier drinken er nog eens over hebben, totdat het helemaal naar wens was. Dat is de beste soort opdrachtgever: eentje die enthousiast is en met onderling respect samen iets wil maken. En – niet onbelangrijk – die ruimte laat voor twijfel. Want als je dat niet hebt dan ben je arm."

Die twijfel manifesteert zich heel concreet in het al doende denken dat aan de basis ligt van al Martens' werk. "Als ik een nieuw nummer voor het architectuurblad OASE maak, begin ik met een krabbeltje voor het omslag op de hoek van de krant, een geheugensteuntje. Ik heb hier wel vijfhonderd boekjes liggen waar ik ooit in begonnen ben in een poging een dagboek bij te houden. Maar ik heb te weinig discipline om dat consequent vol te houden. Ik ben een chaoot. Maar deze rotzooi is ook een creatieve humuslaag", zegt hij terwijl hij de studio om zich heen bekijkt. "Als ik die designbureaus en architectenstudio's zie met hun clean desk-policy, dan denk ik: het is goed zo." •

your work this way", says the head of the family, who recently launched a series of fabrics for chairs in collaboration the furniture brand DUM, as well as a table with Functionals.

Martens has always operated more in the background than his contemporaries and fellow modernists Gert Dumbar and Wim Crouwel, but has now gained international recognition as a star designer. That means there's no shortage of assignments. However, he's very selective about what he'll take on and from whom. He says the design department at the PTT, for which he created stamps and phone cards that are now considered collector's items, was a fantastic client. As was SUN, the socialist publisher where he designed book covers that count among the high points of modernist design.

"SUN was run by idealists who were 200 per cent motivated. They easily took six weeks to make a book cover. We would have meetings about it, and then discuss it some more over a beer until it was exactly how we wanted it. That's the best kind of client – one that's enthusiastic and wants to create something together based on mutual respect. And – not unimportantly – leaves room for doubt. Because if you don't have that, you don't have anything."

That doubt manifests itself very concretely in the 'thinking-by-doing' approach that forms the foundation of all Martens' work. "When I'm working on a new issue of architecture magazine OASE, I'll start with a doodle for the cover on the corner of a newspaper as a reminder. I have at least 500 books laying around that I've starting using in an attempt to keep a diary. But I'm not disciplined enough to do it consistently. I'm very chaotic. But all this mess is also a creative layer of soil", he says as he looks around his studio. "When I see those design agencies and architecture firms with their clean-desk policy, I can only think: good for them." •

KAREL MARTENS

Karel Martens has been awarded the BNO Piet Zwart Prize 2023. With his timeless, handcrafted work which seamlessly unites form and content, he has made an extraordinary contribution to the significance and prestige of the graphic design profession.

Born in 1939, Karel Martens embarked on his journey as a graphic designer and typographer in 1960. Throughout his illustrious career, he has engaged in wide variety of creative projects, including posters, books, architectural lettering, as well as designs for postage stamps, coins, and phone cards. His active involvement in arts education has enabled him to share his knowledge, experience, and critical view of the profession with new generations of designers. In 2019, he founded Martens and Martens, a design agency where he continues to create and inspire.

↳ martens-martens.com

Karel Martens

We maken al langer gebruik van Artificial Intelligence (AI) in ons werk en dagelijks leven, maar met de komst van Midjourney en ChatGPT ging het in ons vakgebied ineens razendsnel. Te midden van de overvloed aan AI-gerelateerde content en mogelijkheden, dringt de vraag zich op: zien we door de bomen het bos nog wel? In deze rubriek laten we veertien ontwerpers en ontwerpbureaus aan het woord over de impact van AI op hun werk of praktijk. Dat het ontwerpvak een nieuwe weg inslaat, is voor hen in ieder geval een gegeven.

Using Artificial Intelligence (AI) in our work and daily lives is nothing new, but things really changed pace when Midjourney and ChatGPT suddenly hit the scene. Surrounded by a plenitude of AI-related content and possibilities, the question presents itself: can we still see the wood for the trees? In this section, we invite fourteen designers and design agencies to explain the impact of AI on their work or professional practice. If you ask them, one thing's for sure: the winds of change are blowing through the design field.

A(I) Creative Revolutio

Photography: Sancal

Christoph Brach
Raw Color
↳ rawcolor.nl

"AI is als elke nieuwe technologie, er zitten positieve kanten en negatieve kanten aan. Het biedt veel mogelijkheden om in een oogopslag waanzinnige content te creëren, maar brengt in mijn beleving ook een contentinflatie met zich mee. Er wordt nog meer gemaakt in een kortere tijd van enorm hoge kwaliteit. Het ambacht en de skills die creatieven over jaren opgebouwd hebben, worden door AI gerelativeerd en raken steeds meer uit zicht. Als ontwerpers zullen wij hiermee moeten leren omgaan. Ik geloof in verandering omarmen en het je eigen maken. Dat is in ieder geval wat wij met onze studio Raw Color gaan doen.

Zelf heb ik geëxperimenteerd met Stable Diffusion, DALL·E en Midjourney. Ik vond de resultaten wisselend. In een experiment heb ik prompts gemaakt die projecten van ons omschreven. Vooral beeldwerelden met een breed populair contentgehalte gingen goed. Denk aan mode of film gerelateerde content. Persoonlijk vind ik dat de output nog veel op elkaar lijkt, door bijvoorbeeld lichtwerking etc. AI kan de creatieve dialoog in mijn hoofd snel visueel maken. Volgens mij creëren creatieven altijd al AI-achtige beelden in hun hoofd. Nu is er een snelweg om deze beelden zichtbaar te maken. Dat kan het schetsproces enorm helpen. Tot nu toe hebben wij het nog niet in ons designproces geïntegreerd, maar wij gaan het in de toekomst onderzoeken."

"AI is like any other new technology: it comes with both positives and negatives. For example, AI offers lots of possibilities to create amazing content in the blink of an eye, but in my experience, it also leads to content inflation. More extremely high-quality things are being created far more quickly. The skills and craftsmanship that took creatives years to acquire are now being put into perspective by AI, and are increasingly fading from view. As designers, we have to come to terms with that. But I believe in embracing change and mastering it. In any case, that's what we will do at our studio Raw Color.

I have personally experimented with Stable Diffusion, DALL·E and Midjourney, with mixed results. For one experiment, I created prompts that described our projects. Highly visual scenes featuring popular subject matter worked especially well – such as film or fashion-related content. In my option, much of the output still looks very similar due to the lighting effects. However, AI can quickly turn the creative dialogue in my head into something visual. I think that creatives have always been making AI-like images in their minds. Now there's a fast lane to making these images visible. It can be an enormous help when sketching out ideas. So far, we haven't integrated it into our design process, but we'll certainly explore it in the future."

Photography: Valentina Vos

Simon Buijs
Bobby Pola
↳ bobbypola.com

"De opkomst van AI in de creatieve wereld is onvermijdelijk en biedt boeiend nieuw gereedschap in ons creatieve arsenaal, vergelijkbaar met de baanbrekende verschijning van digitale fotografie en film. Het ligt in de handen van kunstenaars om te beslissen of AI een waardevolle bijdrage kan leveren aan hun creatieve proces en artistieke visie.

Het gebruik van AI wordt steeds belangrijker in het creatieve proces. Wanneer we AI op een ondersteunende en nieuwsgierige manier inzetten, opent het de deur naar nieuwe mogelijkheden en biedt het de ruimte en tijd om onze creatieve visie te verfijnen en te ontwikkelen.

Uiteindelijk is het gebruik van AI in het creatieve vakgebied een kwestie van de juiste balans vinden tussen menselijke creativiteit en technologische ondersteuning, om tot de meest boeiende en innovatieve werken te komen."

"The rise of AI in the creative world is inevitable. It provides exciting new tools for our creative arsenal, comparable to the groundbreaking emergence of digital photography and film. It's up to artists to decide whether AI can make a valuable contribution to their creative process and artistic vision.

The use of AI is becoming more and more important to the creative process. When we employ AI in a curious and supportive way, it opens the door to new possibilities, and it offers the space and time to refine and develop our creative vision.

Ultimately, the use of AI in the creative profession comes down to finding the right balance between human creativity and technological support to deliver the most engaging and innovative work possible."

Photography: Tomek Dersu Aaron

Photography: Marloes De Vries

Rolf Coppens

GRRR
↳ grrr.nl

"Natuurlijk is AI nu al een buddy voor makers. Een buddy waar je mee samenwerkt en die je nieuwe ideeën geeft, van onderzoek tot concept tot uitwerking. Uiteraard zal AI sommige banen vervangen en heeft het nieuwe gemaakt, zoals humanisers en prompt designers.

Als strategische partner van onze klanten werken wij aan transities met een focus op de lange termijn. We zien dat techreuzen AI nu in een roekeloos tempo uitgerold hebben. Als B Corp bureau vinden wij het belangrijk om een ethisch perspectief te bieden waarbij we de blinde vlekken, bias, privacy en energiegebruik van AI ook meenemen.

Zo is bijvoorbeeld intellectueel eigendom best ingewikkeld bij het gebruik van AI: 'van wie is het idee? Is het wel uniek?'. Als opdrachtgever reken je erop dat de resultaten van je bureau origineel en beschermd zijn, terwijl je nu al ziet dat intellectueel eigendom van door AI gegenereerd creatief werk in de rechtbank niet gegarandeerd is. Bureaus en creatieven die gebruik maken van AI zouden er dus verstandig aan doen om het hele spectrum te begrijpen, in plaats van er alleen van te profiteren.

'We shape our tools and, thereafter, our tools shape us.'"

"It goes without saying that AI is a maker's new buddy. A buddy that you work with, and that gives you new ideas, from research to concept to execution. AI will of course replace some jobs, and it has also created new jobs, like humanisers and prompt designers.

In our role as strategic partner for our clients, we work on transitions with a long-term focus. We see how tech giants have already rolled out AI at reckless speeds. As a B Corp agency, we think it is important to offer an ethical perspective that also encompasses AI's blind spots, biases, privacy concerns, and energy usage.

Intellectual property, for example, is rather complicated when it comes to using AI: 'whose idea is that? Is it unique?'. Clients expect that what your agency comes up with is original and protected, while we are already seeing that the intellectual property of creative work generated by AI is not guaranteed in the courts. Agencies and creatives that use AI would therefore be wise to understand the entire spectrum, instead of just profiting from it.

'We shape our tools and, thereafter, our tools shape us'."

Marloes De Vries

↳ marloesdevries.com

"Toen ik hoorde dat AI werd gebruikt in de creatieve sector was ik verbaasd: ik dacht dat creatieven het denkproces juist het interessantste gedeelte van hun vak zouden vinden. Filosoferen, denken en ontwikkelen vind ik juist de uitdaging van mijn vak - dat is waarom ik dit werk ben gaan doen.

Mijn werk heeft mij veel gebracht op persoonlijk vlak. Het heeft mij empatischer gemaakt, doordat ik mij steeds opnieuw moet inleven in een ander. Ik heb veel kennis vergaard door de vele onderzoeken die ik heb gedaan voorafgaand aan een project. En door de diversiteit aan verschillende klanten heb ik geleerd om bruggen te bouwen en zodoende meer begrip voor elkaar te creëren. Al deze elementen hebben mij als persoon helpen ontwikkelen, zoals ze dat bij anderen ook doen.

Ik kan mij dus niet voorstellen dat het overslaan van deze stappen een positief effect zal hebben op mensen op de lange termijn. AI baseert zijn informatie op hetgeen al bestaat. Hoewel het op een gegeven moment vast uit zichzelf nieuwe informatie ontwikkelt, lijkt mij dat dat ten koste gaat van de menselijkheid in de informatie die we tot ons nemen, en uiteindelijk ook in het menselijk contact. AI bespaart tijd en geld, maar de vraag is of we voldoende stilstaan bij het effect van AI op onze menselijke ontwikkeling."

"Our tools will change, but creative human brainpower, nuancing, and empathy will still be needed."

— Wouter Friso

Photography: Joram Blomkwist

Wouter Friso

TODAY
↳ today.nl

"When I heard that AI was being used in the creative sector, I was surprised – I assumed that creatives would find the thought process the most interesting part of their profession. Philosophising, thinking, and developing are what I find most challenging about my field – that's why I started doing this work.

I've gained so much from my work on a personal level. It has made me more empathetic, because I constantly have to relate to other people. I've acquired a lot of knowledge from all the research I do prior to a project. And thanks to working with a wide variety of clients, I've learned to build bridges and create mutual understanding. All these elements have helped me develop as a person, just as they do for others.

Because of this, I can't imagine that skipping these steps will positively affect people in the long term. AI bases its information on that which already exists. Although eventually it will probably be able to develop new information by itself, it seems to me that will be at the expense of our humanity in terms of the information we consume, and ultimately also in terms of personal contact. AI saves time and money, but the question is whether we are paying enough attention to the impact of AI on our human development."

"De mogelijkheden van AI zijn eindeloos en zeer divers in te zetten. Het zit in creatieven om hiermee het experiment aan te gaan. Koppel bijvoorbeeld AI aan robotisering en ontwerpers komen tot oplossingen die ons leven voor altijd zullen veranderen. Een aantal actuele voorbeelden: de autonome vrachtwagen van Einride, milieuvriendelijk onkruid verdelgen met de lasers van LaserWeeder, of de ontwikkeling van de robots van Boston Dynamics. De Terminator is zoals hij beloofde 'back'.

In ons eigen werk zien we AI op dit moment als een mooie aanvulling op de tools die we al gebruiken. Wij gebruiken het al in onze schetsen voor concepten en beeld. Het helpt ons om snel een idee te visualiseren. Het is dan geen vervanging maar een aanvulling. Er zijn echter nog wel wat beperkingen, bijvoorbeeld op juridische (beeld)rechten en de output in low-res pixelformat. Wij verwachten dat merkidentiteiten gaan bestaan uit datasets, waarmee je AI kan briefen, en zo nieuwe ontwerpen ontwikkelt. Gaat het ontwerpers overbodig maken? Nee, het wordt een verandering in de tools die we gebruiken, zoals de intrede van de PC de Doka verving – waarbij creatieve menselijke denkkracht, nuancering en empathie benodigd blijven."

"AI offers an endless array of possibilities and applications. It's up to creatives to get experimenting with the technology. Connect AI with robotisation, for example, and designers will develop solutions that will undoubtedly change our lives for good. A few current examples: the autonomous truck from Einride, environmentally friendly weed eradication with the LaserWeeder, or the development of next generation robots by Boston Dynamics. The Terminator is, as he promised, very much 'back'.

In our own field, we are currently seeing how AI can complement our existing tools. We already put AI to good use in our sketches for concepts and imagery. It helps us to rapidly visualise an idea. It is therefore not a replacement, but rather a supplement. However, there are still limitations, such as with regard to legal (image) rights and the output in low-res pixel format. We expect brand identities to take the form of datasets, which you can use to brief AI as you develop new designs. Will it make designers superfluous? No, it means that our tools will change (as they did when the PC replaced the darkroom), but creative human brainpower, nuancing and empathy will still be needed."

Photography: Tina Siehoff

Photography: Mark Naber

Bas Sala
Studio Bas Sala
↳ bassala.com

"Al sinds 2013 gebruiken wij kunstmatige intelligentie in onze ontwerpprocessen. Door middel van 'slimme objecten' kunnen onze ontwerpen met het gebruik van AI mee veranderen met de context. Zo hebben we meubilair ontwikkeld dat in staat is om informatie te verzamelen en te verwerken uit de omgeving waarin het zich bevindt en dat op basis daarvan aanwijzingen kan geven. Dit gebeurt al dankzij de eenvoudigste vorm van kunstmatige intelligentie.

De waarde van het inzetten van deze geïntegreerde technologie is dat je innoverende ontwerpen kunt maken die interactiever en adaptiever zijn. Als producten in staat zijn om te reageren op veranderingen in de omgeving, worden ze voor de consument aanlokkelijk en breed inzetbaar.

Met de snelle opkomst van generatieve AI hebben wij als ontwerpers een belangrijke rol te vervullen. Wij denken in oplossingen en maken ontwerpen die spreken tot de verbeelding. Het blijft echter van belang om dit te doen vanuit een ethisch perspectief. Artificial Intelligence geeft onze ontwerpen een nieuwe gelaagdheid en biedt vele kansen, maar het is de taak van de ontwerper om daarnaast ook morele keuzes te blijven maken."

"We started using Artificial Intelligence in our design processes back in 2013. In 'smart objects', our designs can use AI to adjust to the context. We have developed furniture that is able to collect and process information from its surroundings and use it to give instructions. This is possible using the most simple form of Artificial Intelligence.

Using this integrated technology allows us to make innovative designs that are more interactive and adaptive. If products are able to respond to changes in the surroundings, they become appealing to consumers, and are versatile.

The rapid emergence of generative AI means that designers have an important role to play. We think in solutions and make designs that appeal to the imagination. It is nevertheless imperative that we do so from an ethical perspective. Artificial Intelligence adds a new layer to our designs and brings with it many opportunities, but designers must continue to make ethical choices."

Mariko Naber
Loaded Ink
↳ loadedink.com

"Door de overload aan AI-content zal de waardering voor creatie zoals we het kennen devalueren.

Als we de waarde van wat wij als ontwerpers brengen willen behouden, moeten we opnieuw de kern van ons vak opzoeken en hiermee nieuwe wegen vinden. Hierbij zal menselijke aandacht de valuta zijn en niet slechts het 'mooie plaatje', want iedereen (zeker mensen zonder designachtergrond) denkt dat met AI te kunnen maken.

Elke technologische ontwikkeling waardoor de mens overbodig dreigt te worden, dwingt de mens om in actie te komen en creatief te zijn. Het draait wederom niet om de sterkste, maar om degene die zich het beste aanpast. Zie AI daarom nu voornamelijk als een tool, een slimme medewerker die jou als ontwerper uitdaagt en je verder brengt dan je ooit had kunnen denken.

Tenslotte moeten we ons afvragen waarom we ons zorgen maken dat AI het ontwerpen zal overnemen, terwijl we onze ziel al lang aan marketing(strategie) hebben verloren."

"The AI content overload will devalue the appreciation of creation as we know it.

If we are to preserve the value of what we bring to the table as designers, we need to return to the heart of our profession and find new approaches. The currency will be human attention, not just the 'nice picture', as everyone (especially those without a design background) thinks they can use AI to make the latter.

Each technological development that threatens to render humans redundant forces us to stand up and get creative. It's once again not about who is the strongest, but who adjusts the best. So for the time being, view AI primarily as a tool, a smart employee who challenges you as a designer and pushes you to greater heights than you could have ever imagined.

And when all is said and done, we should ask ourselves why we are worried about AI appropriating the design field, when we lost our soul to marketing (strategy) a long time ago."

“AI will free up time for us, which we can spend on dreaming and envisaging new ideas.”

— Anna Noyons

Anna Noyons

(ink).
↳ ink.team

Photography: Liza Target

“De vraag of AI ons vak of het creatieve proces verder helpt of verzwakt is niet zo relevant; het is er gewoon en we zullen ermee moeten leren omgaan. Binnen (ink). beschouwen we het nu als een soort extra teamlid, maar eentje met nog weinig gevoel voor context die daarnaast heel duidelijke instructies nodig heeft. We vragen dingen aan ChatGPT, laten teksten schrijven en nemen dat soms mee als extra perspectief op een vraagstuk. We ‘schetsen’ ideeën bij wijze van speculatief ontwerp om mogelijkheden en concepten snel te illustreren. Het is leuk om ermee te spelen.

Arnon Grunberg schreef iets moois in de Groene Amsterdammer over AI; ‘Menselijkheid is overbodigheid, het vermogen te reflecteren over die overbodigheid, zeer menselijk is ook het gevecht ertegen, een tweesnijdend zwaard. Nuttig zijn slechts de machines, en door zelf steeds nuttiger te worden zijn wij in hun richting opgeschoven.’ Zo bezien zal AI die zich nuttig maakt ons weer menselijker maken en ik denk ook dat het ons tijd zal opleveren die we kunnen besteden aan fantaseren en het bedenken van nieuwe ideeën.

Waar ik mij op dit moment het meest zorgen over maak zijn alle biases die in de data zitten waar AI nu mee werkt. Wij werken in onze studio veel aan onder andere diversiteit en inclusie en het is bewezen dat de meeste mensen nog geen vrouw voor zich zien bij het woord ‘architect’ of ‘creative director’ of ‘CEO’ en ook niet iemand van kleur of met een lichamelijke beperking. Veel mensen werken er hard aan dat beeld te kantelen, maar als we blijven werken met verouderde data remt dat de hard bevochten vooruitgang en zet ons dat eigenlijk terug in de tijd. Daar moeten we echt actief mee aan de slag.”

“The question of whether AI is a boon or detrimental to our field or creative process is not very relevant; fact is that it is here, and we will have to learn to deal with it. At (ink)., we see it as an extra member of the team, but one with little sense of context and that requires explicit instructions. We ask ChatGPT questions, ask it to write texts, and sometimes use its input as an additional perspective on an issue. We use speculative design to ‘sketch’ ideas in order to quickly illustrate possibilities and concepts. It’s fun to play around with.

I like what Arnon Grunberg wrote about AI in the Groene Amsterdammer; ‘Humanity is superfluity, or the ability to reflect on this superfluity; the fight against it is also very human, it’s a double-edged sword. Only the machines are useful, and by ourselves becoming ever more useful, we’ve moved in their direction’. In this light, the AI that makes itself useful will make us more human, and I also think that it will free up time for us, which we can spend on dreaming and envisaging new ideas.

What currently most concerns me are all of the biases in the data that AI now uses. Our studio is committed to improving diversity and inclusion, and it’s an established fact that most people still do not envisage a woman in positions such as ‘architect’, ‘creative director’ or ‘CEO’, nor a person of colour or a disabled person. Many people are working hard to change this, but if we continue to use old data, we curb the hard-fought progress and actually turn back the clocks. It’s vital that we make improvements in this area.”

Photography: Jesse Wensing

Siem Stinesen

Collectief Soepel
↳ collectiefsoepel.nl

Photography: Masato Sezawa

"Artificiële Intelligentie hebben we als studio heel lang genegeerd. Op basis van welke ideeën en voorbeelden maakt een programma een creatie? Dit voelde voor ons wat 'willekeurig'.

Ik laat weinig willekeurigheid toe in een ontwerpproces. In onze projecten zitten zeker wel eens toevalstreffers verwerkt of komen onderwerpen en productietechnieken soms per ongeluk mooi samen, maar toevalstreffers zijn niet vaak de basis in ons werk. Goede ontwerpen komen voort uit gerichte creativiteit, denk ik. AI gebruiken als een creatieve tool voelt als schieten in het duister.

Alle ontwerpen die ik maak of waaraan ik meewerk zijn bedoeld om gemaakt te worden. Altijd met de productietechnieken en haalbaarheid van het project in het achterhoofd. Het creatieve samenspel van vormgeving, productietechnieken en materiaaleigenschappen, zou ik nog lang niet aan AI toevertrouwen. Dit vak is nog wel even veilig, hoop ik.

Ik heb het idee dat de ontwikkeling van AI-tools de laatste tijd ook door ontwerpers zelf is opgepakt. Er zijn steeds betere programma's beschikbaar voor ideegeneratie, grafische opmaak en geavanceerde zoekmachines gericht op het ontwerpvak. In de ideegeneratie van het ontwerpproces kan een zetje van AI soms wel lekker zijn. Later in het proces verwacht ik dat het me meer belemmert dan helpt."

"As a studio, we have ignored Artificial Intelligence for quite some time. What ideas and examples do these programs base their creations on? It all felt rather random to us.

I don't allow much randomness in the design process. Some projects certainly contain a degree of serendipity, and subjects and production techniques might accidentally come together in a beautiful way, but our work is rarely based on coincidence. Good designs are the result of focused creativity, I think. Using AI as a creative tool feels like a shot in the dark.

All the designs I create myself or collaborate on are meant to be made. And I always keep the production techniques and the feasibility of the project in mind. The creative interplay of design, production processes, and material properties isn't something I'd entrust to AI. The design profession will be safe for a while, I hope.

Lately, it seems that designers themselves have been getting more involved with the development of AI tools. The available programs for idea generation, graphic design, and advanced search engines aimed at the design profession keep getting better. A nudge from AI can sometimes be nice during the idea generation phase. But later in the design process, I expect it would hinder me more than it helps."

Petra Vonk

Studio Petra Vonk
↳ petravonk.nl

"AI kan een fantastische tool zijn; zelf gebruik ik het om inspiratie op te doen voor het schrijven van teksten over mijn werk. Daarna herschrijf ik de met AI gegenereerde tekst altijd compleet, waardoor deze uiteindelijk toch mijn eigen handschrift draagt. Ervaring met AI-beeld heb ik zelf nog niet. Wel heb ik gezien dat ontwerpers er prachtige dingen mee creëren en zelf nog nabewerken, waardoor het gegenereerde beeld wel degelijk een persoonlijk werk kan worden. Op deze manier zou je het copyright schendingsgevaar misschien kunnen minimaliseren. Maar dat blijft toch afhankelijk van de normen en waarden van de gebruiker zelf. Ik vind dat een ontwerper zich altijd moet afvragen waar zijn of haar inspiratie en de daaruit voortkomende ontwerpen vandaan komen. Heeft het ontwerp bestaansrecht, omdat het echt jouw eigen idee is? Misschien zouden de AI-programma's bij elk gegenereerd beeld of tekst een soort bronnenlijst moeten bijsluiten, zodat het duidelijker is waar de informatie vandaan komt.

Wel maak ik me zorgen over de manier waarop de data nu gegenereerd worden. Maatschappelijke ongelijkheid en sociale stereotypering liggen op de loer. Hoe zorgen de makers van een AI-programma ervoor dat deze kan putten uit onbevooroordeelde informatiebronnen, zodat deze ons realistisch en open-minded beantwoordt? Wat zijn de ethische en sociale consequenties van deze programma's? En dan komt daar nog het energieverbruik van deze technologie bij; dat is echt heel hoog."

Photography: Eva Plevier

Laurens Vreekamp
Future Journalism Today
↳ futurejournalismtoday.com

"AI can be a fantastic tool; I personally use it to get inspiration for writing about my work. Afterwards, I completely rewrite the AI-generated text, so that ultimately it bears my own signature. I don't have any experience with AI imagery yet. However, I have seen designers create beautiful things with AI that they then revise – demonstrating that a generated image can indeed become a personal work. That's one way you might be able to minimise the risk of copyright infringement. But that still depends on the ethics and values of individual users. I think that designers should always ask themselves where their inspiration and the resulting designs come from. Is a design legitimate because it is truly your own Idea? Maybe AI programs should provide a list of sources for every image or text they generate, to make it clearer where the information comes from.

I do, however, have concerns about the way data is currently generated. Social inequality and social stereotyping are running rampant. How can the makers of AI programs ensure that they are drawing from unbiased sources of information, so that they can provide us with realistic, open-minded answers? What are the ethical and social consequences of these programs? And let's not forget about the amount of energy this technology consumes – it's unbelievably high."

"Het zijn menselijke niet-ontwerpers waar we dankzij GenAI bang voor moeten zijn.

AI die stoelen ontwerpt, campagnes verzint of tekstuele inspiratie biedt. Op het web zien we veel indrukwekkende snapshots van eindresultaten, maar ze tonen niet hoe bestaande ontwerpprocessen ondertussen worden ontwricht.

De relatie met onze opdrachtgevers en eindgebruikers verschuift namelijk door de (beperkte) perceptie van AI aan beide zijden. Niet-ontwerpers die met ChatGPT en Midjourney aan de haal zijn gegaan, lijken verrukt door de professioneel aandoende ontwerpmogelijkheden; GenAI stelt hen eenvoudig in staat om zelf te creëren: opdrachten geef je met behulp van gewone taal. Maar klantcontact, onderzoek, ervaring en verschillende conceptuele benaderingen zijn allemaal factoren die bijdragen aan goed ontwerp. Het is dit deel van ons vak dat voor de niet-ontwerper met AI in de hand verborgen blijft.

Ontwerpers creëren vanuit opdracht en overtuiging en maken werk dat nieuw, verrassend en waardevol is. Machines missen die intentie. Door de aard van hun training komen ze niet verder dan het hooguit recombineren van bestaand materiaal. Ze volgen daarmee bestaande conventies. Immers, hoe voorspelbaarder de uitkomst, hoe beter het model. Muziek op het door AI-gegenereerde Tupac-album moet toch vooral als Tupac klinken. AI kan zelf geen totaal nieuwe producten, stijlen of beeldtalen uitvinden. En dat is nu juist waar design van waarde wordt: daar waar het prikkelt, verrast en soms zelfs schuurt. Dit vermogen valt niet uit te besteden aan AI.

De huidige generatie artificiële assistenten bedreigt de creativiteit van ontwerpers dan ook totaal niet. Het zijn onze klanten en eindgebruikers die er dankzij GenAI een nieuw idee over creativiteit, ontwerpen en proces op na houden. Laten we ons daar eerst maar eens op richten."

"Thanks to GenAI, it's human non-designers we should really be afraid of.

AI can design chairs, come up with campaigns, or provide inspiration for copy. There are lots of impressive snapshots of the end result online, but what we can't see is how existing design processes are being disrupted in the meantime.

Relationships with our clients and end users are shifting due to the (limited) understanding of AI on both sides. Non-designers who start dabbling with ChatGPT and Midjourney seem entranced by the professional-looking design capabilities; GenAI gives them the ability to easily create things by themselves, using prompts in ordinary language. However, interaction with clients, research, experience, and different conceptual approaches are all factors that contribute to good design. This part of our profession remains hidden from view for non-designers relying on AI.

Designers are motivated by assignments and conviction to create work that is surprising, valuable, and new. Machines don't have the same intentions. Due to the nature of their training, they can only recombine existing material at best. They are following existing conventions. In fact, the more prediotable the outcome, the better the model. Music on an AI-generated Tupac album needs to – above all else – sound like Tupac. AI is incapable of inventing completely new products, styles, or visual languages by itself. And that is precisely where design delivers value: where it stimulates, surprises and sometimes even grates. That ability cannot be outsourced to AI.

The current generation of Artificial Assistants therefore poses no threat at all to the creativity of designers. It's our clients and end users who, thanks to GenAI, are getting new ideas about creativity, design, and the creative process. Let's start by focusing on that."

Photography: Clarify

Photography: Tetsuro Miyazaki

Jerry Renes
Clarify
↳ clarify.nl

"AI verandert op dit moment de waarde die mensen hechten aan bepaalde onderdelen van het ontwerpvak. Als we het verstandig inzetten, kan AI het ontwerpvak wat mij betreft echt verder brengen. AI is een blijvertje. Mensen die zich er alleen maar tegen verzetten, trekken hoe dan ook aan het kortste eind.

Repeterend of minder uitdagend werk zal steeds vaker door AI worden uitgevoerd. Dat zal deze aspecten van het ontwerpvak goedkoper en sneller maken. Persoonlijk begrijp ik dat veel mensen die zich met dit type werk bezighouden AI in eerste instantie als bedreiging zien. Maar zoals bij alle vormen van verandering zullen we, om de voordelen van AI te benutten en daarmee ons werk als ontwerper te versterken, mee moeten bewegen. En de manier waarop we ons werk doen moeten aanpassen.

Uiteindelijk gaat het erom dat je zoveel mogelijk meerwaarde creëert voor je klant. Het maakt niet uit of dat is in de vorm van originaliteit, efficiëntie, snelheid, kwantiteit of kwaliteit in een proces of resultaat. Daar ligt de komende tijd de uitdaging. Jezelf als ontwerper opnieuw uitvinden. De meerwaarde van AI in combinatie met je werk ontdekken en benutten. Je potentiële klanten van die meerwaarde overtuigen. En als ze die meerwaarde inzien, zullen ze altijd bereid blijven om ervoor te betalen."

"AI is currently changing the value people place on certain aspects of the design profession. If we use it wisely, I think it can help advance the entire field. AI is here to stay. People who keep trying to resist it will end up losing out no matter what. Repetitive and less challenging work will increasingly be carried out by AI, which will make these aspects of the design profession faster and cheaper. Personally, I understand why lots of people involved in this type of work might initially see AI as a threat. But as with any kind of change, if we want to reap the rewards of AI to strengthen our work as designers, we have to evolve along with it. And that means we need to adapt how we do our work.

At the end of the day, it's about creating as much added value as you can for your clients. It doesn't matter whether that's in the form of originality, efficiency, speed, quality or quantity in the processes or results. That's the imminent challenge – reinventing yourself as a designer. Discovering and utilising the benefits of AI in combination with your own work. And convincing potential clients of the benefits. Once they see that added value, they'll always be willing to pay for it."

Christel Janssen
Mockus
↳ mockus.nl

"In augustus 2022 kwam een collega op de proppen met DALL·E, een AI-gestuurde beeldgenerator. Hij voorzag hiermee een AI-revolutie, terwijl de meesten van ons er vooral een leuke gimmick in zagen. Zo eentje waarmee je in een mum van tijd een afbeelding kon maken van een ijs etende aap op rolschaatsen, in de stijl van Vincent van Gogh.

Minder dan een half jaar later maakten we kennis met ChatGPT. Welgeteld een week duurde het voor we er langzaam maar zeker gebruik van begonnen te maken. Niet voor een eindproduct voor een klant, maar wel als inspiratiebron voor onze copywriters of als startpunt voor het maken van een planning bijvoorbeeld. Als we snel een paar concepten tot leven willen wekken, gebruiken we beeldgeneratoren zoals Midjourney of DALL·E. En waar developers in het verleden soms uren zoet waren om een fout in een code te vinden, gebruiken ze nu diensten als GitHub Copilot om sneller te debuggen of om code op te schonen.

AI is razendsnel in onze dagelijkse workflow geslopen. En nee, we voelen ons niet bedreigd. Soms laat het juist zien waar je níet naartoe moet. En daarnaast: slechte input leidt tot slechte output. "

“If we want to reap the rewards of AI to strengthen our work as designers, we have to evolve along with it.”

— Jerry Renes

Photography: Renze Rispens

Marcel Schreuder

Springtime Design
↳ springtime.nl

In August 2022, one of my colleagues started talking about DALL·E, an AI-powered image generator. He predicted it would lead to an AI revolution, whereas most of us thought it wasn’t much more than a fun gimmick – one you could use to quickly create an ice-cream eating monkey on roller skates, in the style of Vincent van Gogh.

Less than six months later, we were introduced to ChatGPT. We started using it, slowly but surely, in precisely a week – not to create final deliverables for customers, but as a source of inspiration for our copywriters or the starting point of a project plan, for example. If we want to quickly bring some concepts to life, we use image generators like Midjourney or DALL·E. And instead of spending hours trying to find a bug, our developers now use services like GitHub Copilot to quickly debug or clean up the code.

AI has rapidly crept into our daily workflow. And no, we don’t feel threatened by it. Sometimes it shows you precisely what not to do. And besides, bad input leads to bad output.”

“Designers (industrieel ontwerpers in ons geval) wenden zich altijd gretig tot de nieuwste tools, omdat die hun werk makkelijker maken, of hen tot dingen in staat stellen die ze tot dan toe nog niet konden. Dat was het geval met 2D en 3D tekenen op de computer, met fotorealistisch renderen, met Virtual en Augmented Reality; en nu met Artificial Intelligence.

AI stelt ons in staat om snel onderzoek te kunnen doen naar product expressies en snel te itereren en variëren op details. Daar valt niet tegenop te tekenen, zelfs niet door onze snelste digitale schetser. Een fantastisch nieuw hulpmiddel dus, met interpretaties soms die we zelf niet hadden kunnen bevroeden!

Het creatieve proces verandert daarentegen niet. Nog steeds geven wij richting aan AI (wij zullen specialisten worden in het schrijven van slimme prompts) en beslissen wij met welke variabelen en versies we verder itereren. En uiteindelijk beslissen wij (samen met onze opdrachtgevers) welke oplossing de beste is voor de context waarin het moet opereren.

En zullen de robots ons werk ooit helemaal overnemen? We hopen het van harte, maar we betwijfelen het ten zeerste...”

“Designers (industrial designers in our case) are always keen to try out the latest tools, as they make their work easier, or enable them to do things that they were previously unable to do. That was the case with 2D and 3D drawing on the computer, with photorealistic rendering, with virtual and Augmented Reality; and now with Artificial Intelligence.

AI allows us to quickly explore product expressions and to quickly iterate and vary details. Not even our quickest digital sketcher can keep up with that. It’s a fantastic new tool, with some interpretations that we could never have divined!

By contrast, the creative process does not change. We still instruct AI (we will become specialists in writing smart prompts) and we decide which variables and versions should remain in the iteration process. And we ultimately decide (together with our clients) which solution is the best for the context in which it has to operate.

And will robots ever completely replace us? We very much hope so, but we also very much doubt it...” •

Desig

Grad

Words: Sophie Tijssen

n

De Nederlandse ontwerpsector is een nieuwe groep afgestudeerden rijker. Ook dit jaar bezochten mensen uit het BNO-team alle eindexamenexposities van de Nederlandse ontwerpopleidingen om de projecten te bekijken. De jonge ontwerpers vertonen een sterke hang naar zelfexpressie en velen reflecteren op maatschappelijke thema's. Een enkeling trakteert ons op een flinke portie humor. Verderop is het verrassende werk te bewonderen van de design graduates die we selecteerden voor deze publicatie. En nu is het tijd voor deze getalenteerde generatie om uit te vliegen.

The Dutch design sector has added a new group of graduates to its ranks. This year, members of the BNO team once again visited all the graduations shows from the Dutch design programmes to check out the final projects. These young designers demonstrate a strong desire for self-expression, and many of them reflect on social themes. A few treat us to a generous helping of humour. On the following pages you can admire the surprising work of the design graduates we selected for this publication. The time has now come for this talented generation to spread their wings.

luates

De nieuwste generatie designers vliegt uit in een periode waarin creatief denken en het vinden van oplossingen cruciaal zijn voor het teweegbrengen van verandering. Ze bekommeren zich om de bergen afval als gevolg van menselijke activiteiten en om de stijgende zeespiegel. Zo heeft Lotte Wiggeman bouwmateriaal ontworpen dat blijft functioneren voor zeedieren en planten, zelfs als – of eerder wanneer – onze kwetsbare kustgebieden overstromen. Loïs Schoemaker produceert gerecycled papier uit sigarettenpeukenafval en veegt zo de straten schoon. Zo denken deze ontwerpers vooruit.

Maar hoe ver kun je vooruitdenken? Flóra Lazin denkt groots, en ontwerpt voor een nieuw tijdperk: het Symbioceen. Een tijdperk waarin de mens niet meer boven de natuur staat, maar er zelf onderdeel van is en ermee samenwerkt. Ze vraagt zich af hoe het menselijk lichaam over honderd jaar overleeft in een wereld zonder frisse lucht. Door een transformatie van de longen die bij elke uitademing schone lucht produceren en daarmee de planeet herstellen, stelt Flora zich voor. Eunju Park denkt na over de radicale omvorming die mensen zullen moeten ondergaan om na de milieucrisis te kunnen blijven leven. Met gemodificeerde lichaamsorganen kunnen we volgens haar milieuschade bestrijden en voortbestaan.

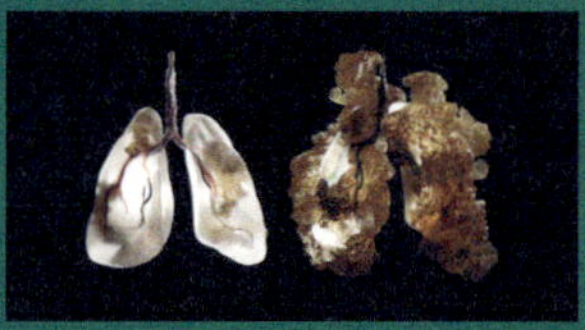

Flóra Lazin,
The Future of Lungs
↳ Page 75

Toch focussen de meeste ontwerpers op het hier en nu. Er zijn projecten die gaan over oorlog en daaruit voortkomende trauma's, zoals de indrukwekkende houtskoolanimatie van Khattar Shaheen. Hij heeft zijn tastbare en emotionele herinneringen als vluchteling omgezet in een indrukwekkende houtskoolanimatie, en zoekt sterk naar een gevoel van geborgenheid en veiligheid.

Ook anderen zoeken naar kalmte in deze rumoerige tijd. Zo kun je in de experimentele ruimte van Monika Romanowska gaan liggen als je behoefte hebt aan een prikkelarme omgeving. Binnenin de installatie bootst Monika kabbelend water na dat je overprikkelde brein en zenuwstelsel helpt kalmeren. Maar, je zou ook de aanpak van Léo Nunes Almeida kunnen proberen, door te gaan breien in je dagelijks leven. Hij bevorderde zijn mentale welzijn door maandenlang dagelijks met twee breinaalden en wol, en veel toewijding en consistentie, aan de slag te gaan.

Natuurlijk komt de klimaatcrisis aan de orde, en wordt onze kapitalistische cultuur aan de kaak gesteld, bijvoorbeeld door Charles Weinberg en Shai Ben-Ami, die de verheerlijking van superjachten als statussymbolen bekritiseren. Met een 3D-animatie en aan de hand van een installatie van een levensgroot fragment van een superjacht, tonen ze de harde realiteit van elitarisme, ongelijkheid en milieuschade. Ook Fanja Bouts maakt zich zorgen over onze hyperkapitalistische samenleving, en laat dit tot uiting komen in drie grote tapijten, met satirische en duister-humoristische scènes.

Verder houden de ontwerpers zich in groeiende mate bezig met de ontwikkelingen rondom Artificiële Intelligentie (AI) en hoe dat hun ontwerppraktijk kan ondersteunen. Sanne Licht is nieuwsgierig of AI de creativiteit van hedendaagse kunstenaars kan overstijgen en genereerde met behulp van AI digitale, melkachtige sculpturen. Ralf Gloudemans verplaatst zijn ambachtelijke werkplaats ook naar de virtuele wereld. Met (ontwerp)software en VR-technologie boetseert hij vazen, waarna ze uiteindelijk gematerialiseerd een plek krijgen in de echte wereld.

Charles Weinberg &
Shai Ben-Ami,
A Superyacht Encounter
↳ Page 68

The latest generation of designers is leaving the nest at a time when thinking creatively and finding solutions are crucial for bringing about change. They are concerned about the mountains of waste caused by human activities and about the rising sea levels. Lotte Wiggeman, for example, designed building materials that continue to provide value to sea creatures and plants even if – or rather when – our vulnerable coastal areas flood. And Loïs Schoemaker produced recycled paper from cigarette butts, cleaning up the streets as a result. This is how these designers are thinking ahead.

Eunju Park, BADA-23
↳ Page 69

But just how far ahead can you think? Flóra Lazin is thinking big by designing for a whole new era: the Symbiocene. In this era, humans are no longer above nature; we are part of it and collaborate with it. She wonders how the human body will survive in a world without fresh air a hundred years from now. Perhaps by transforming our lungs so they can produce clean air and restore the planet with every exhalation, Flóra imagines. Eunju Park also reflects on the radical transformation people will have to undergo to keep living after an environmental crisis. In her opinion, modified internal organs can help us combat environmental damage and continue to survive.

Khattar Shaheen, Dreams of Yesterday
↳ Page 82

Most designers, however, are focused on the here and now. There are projects that deal with war and the resulting trauma, such as the one by Khattar Shaheen. He transformed his tangible and emotional memories of being a refugee into an impressive charcoal animation, and is intensely searching for a sense of safety and security.

Others are searching for peace in these turbulent times. For example, you can lie down in Monika Romanowska's experimental space whenever you need a low-stimulus environment. Inside the installation, Monika simulates running water to help calm your overstimulated mind and nervous system. But you could also try Léo Nunes Almeida's approach by incorporating knitting into your daily life. He used dedication and consistency to improve his mental wellbeing, working with two knitting needles and yarn every day for months.

The climate crisis is also a topic of discussion, of course, and our capitalist culture is called out by Charles Weinberg and Shai Ben-Ami for instance, who criticise the glorification of superyachts as status symbols. Using a 3D animation and an installation of a life-size fragment of a superyacht, they show the harsh reality of elitism, inequality, and environment damage. Fanja Bouts is also worried about our hyper-capitalistic society, and expresses this in the form of three large tapestries featuring satirical and darkly comedic scenes.

Sanne Light, Evolved
↳ Page 66

Furthermore, designers are increasingly interested in developments related to Artificial Intelligence (AI) and how it might support their design practice. Sanne Licht is curious if AI can transcend the creativity of today's designers, and generated milky digital sculptures with the help of AI. Ralf Gloudemans also moved his traditional workshop into the virtual world. He used (design) software and VR technology to sculpt vases, which eventually were materialized and placed in the real world.

We zien in deze lichting ook ontwerpers die zich verhouden tot fysieke beperkingen, wat zich manifesteert in directe toepassingen of bewustwordingscampagnes. Een voorbeeld is de app van Sophie Haring, waarmee ze blinden en slechtzienden tactiele en auditieve ondersteuning biedt in het verkeer. Niet alleen bevordert dit hun veiligheid en zelfstandigheid, maar ook is het een booster voor hun zelfvertrouwen. Raoul Suijkerbuijk ondersteunt stotterende kinderen die het sociaal en emotioneel lastig hebben. Met zijn grafische uitingen, zoals communicatiekaarten en strategische visuele hulpmiddelen, verkleint hij de communicatiekloof tussen docenten en stotterende kinderen.

Gelukkig is er nog steeds ruimte voor een vleug humor. Neem bijvoorbeeld Nonna Hoogland, die de verschuivende normen en waarden van de diepgewortelde menselijke thema's uit de Griekse mythologie onderzoekt. Haar keramische vazen, beschilderd met humoristische taferelen van poedelnaakte mensen, leiden vast tot een glimlach. Ook het werk van Clemens Tomlow doet je grinniken. Zijn drie grootse monsterkostuums hebben, wanneer ze op onverwachte plekken zoals de wc worden geplaatst, eerder een vertederend dan angstaanjagend effect.

We sluiten af met een hoopvolle blik op de toekomst. De afgestudeerde ontwerpers van dit jaar houden de vinger aan de pols van de tijd. Een tijd van werkelijk monsterlijke uitdagingen maar daarmee ook grote kansen. Hopelijk moedigt dat besef ook steeds weer aan tot het vinden van bevlogen oplossingen die de wereld om ons heen verlichten. •

Nonna Hoogland,
We Never Change
↳ Page 81

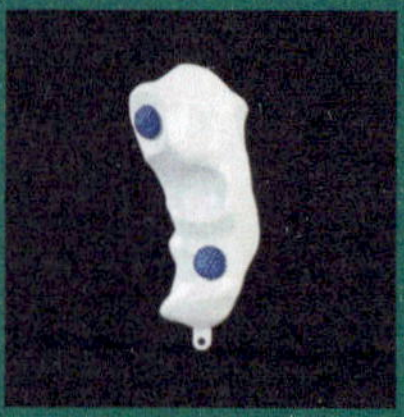

Sophie Haring, Wegwijs
↳ Page 71

With this batch of graduates, we also see designers who take physical limitations into consideration, which manifests itself in direct applications or awareness campaigns. One example is Sophie Haring's app, which provides tactile and auditory support to help blind and partially sighted people navigate traffic. It not only promotes their safety and independence, it also boosts their self-confidence. Raoul Suijkerbuijk supports stuttering children who face social and emotional difficulties. With his graphic solutions, such as communication cards and strategic visual aids, he reduces the communication gap between teachers and children who stutter.

Thankfully, there is still room for a touch of humor. Take Nonna Hoogland, for example, who explores the shifting standards and values of deep-rooted human themes from Greek mythology. Her ceramic vases, painted with comical scenes of bare-naked people, are sure to raise a smile. Clemens Tomlow's work will also make you chuckle. His three largest monster costumes, when positioned in unexpected places like the toilet, have an endearing rather than frightening effect.

We conclude with a hopeful view of the future. The designers who graduated this year are keeping their finger on the pulse of our times. It is a time of truly monstrous challenges, but also major opportunities. Hopefully that realization will encourage us to keep finding inspired solutions that illuminate the world around us. •

Monster under the Bed

Photography: Madelon van Vredendaal

Design Academy Eindhoven,
Fashion Design/Textile Design

Monster under the Bed is een collectie van drie kostuums die uitnodigen om de wereld te zien door kinderogen, vrij van angsten en vaste overtuigingen. Overal ter wereld waarschuwen monstervertellingen kinderen voor vreemde en enge wezens. Sprookjes leren echter dat wat als monsterlijk wordt beschouwd vaak onbegrepen is. Als lid van de queer gemeenschap vond Clemens Tomlow kracht in het vieren van anders-zijn. Geïnspireerd door kindermonsters herinnert deze collectie eraan dat er meer schuilgaat achter uiterlijkheden.

Monster under the Bed is a collection of three costumes that invite the viewer to see the world through the eyes of children, liberated from fears and firm convictions. All around the world, monster stories warn children about strange and scary creatures. However, in fairy tales, what is considered monstrous is often misunderstood. As a member of the queer community, Clemens Tomlow found strength in celebrating otherness. Inspired by children's monsters, this collection reminds us that outward appearances are often only the face of things.

Clemens Tomlow

Axum: Ethiopic-Latin Multilingual Typeface

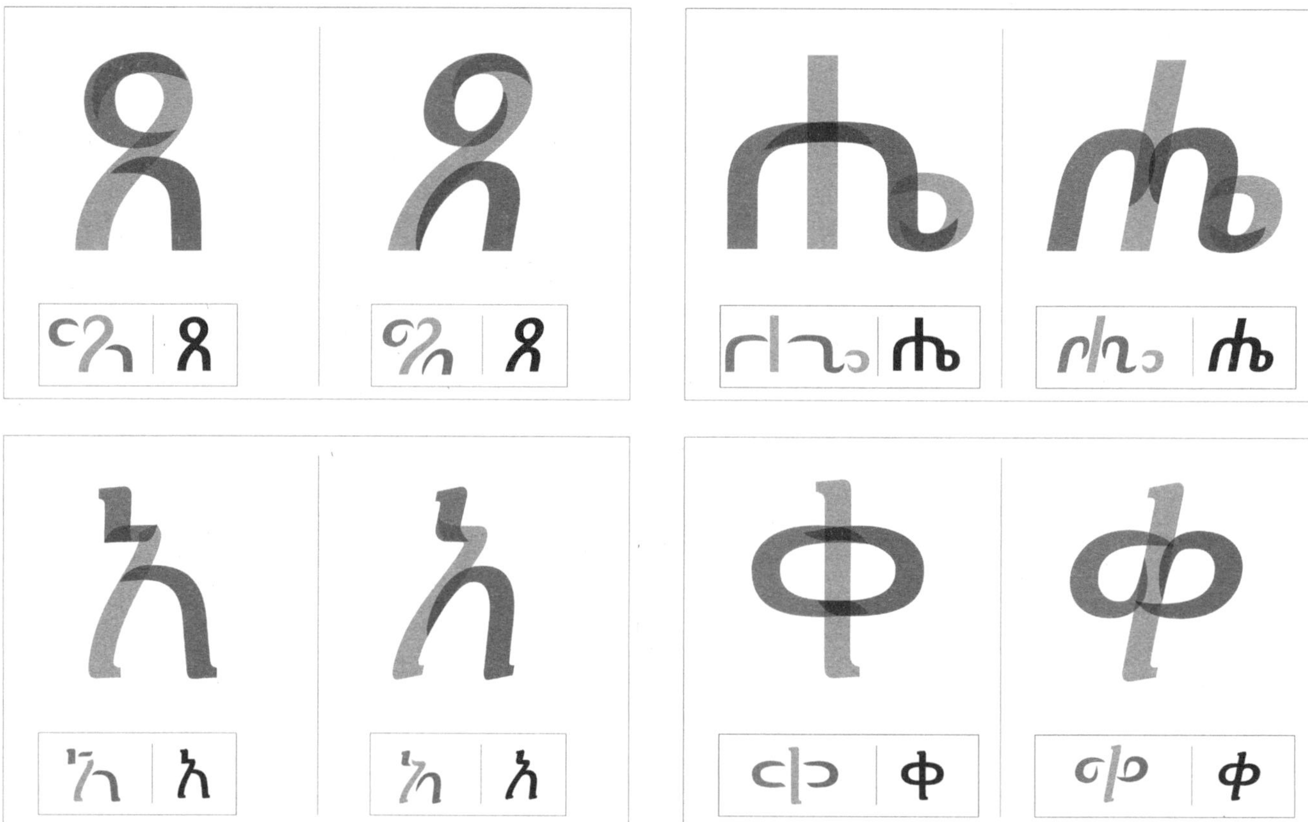

Royal Academy of Art, The Hague
Master Type and Media

Axum is een meertalig lettertype dat speciaal is ontwikkeld voor gebruik in publicatie- en bewegwijzeringssystemen. Het biedt ondersteuning voor zowel Ethiopische als Latijnse schriften. Het primaire doel is het waarborgen van consistentie, het verbeteren van esthetiek, het vergroten van leesbaarheid, het vergemakkelijken van navigatie en het bevorderen van veiligheid binnen het systeem. De lettertypefamilie bevat een variabele optie, waardoor een scala aan gewichten beschikbaar is om prestaties en flexibiliteit te optimaliseren.

Axum is a multilingual typeface that has been especially developed for use in publication and wayfinding systems. The typeface supports both Ethiopic and Latin scripts. Its primary purpose is to guarantee consistency, enhance aesthetics, improve legibility, facilitate navigation, and improve safety within the system. The typeface family includes a variable option, providing a range of weights to optimise performance and flexibility.

Abraham Abebe

Negotiating Boundaries

Design Academy Eindhoven
Product Design/Interaction Design

Onze opvattingen over de natuur en onze relatie met niet-menselijke wezens hebben de manier waarop we bouwen beïnvloed. Negotiating Boundaries streeft ernaar deze relaties en ecosystemen te herstellen door te ontwerpen voor het Symbioceen. Lotte Wigman promoot een bouwstijl die erosie omarmt als onderdeel van het ontwerpproces en de stijging van de zeespiegel en degradatie verwelkomt. Haar getijdenpoel maakt interactie tussen mensen en niet-menselijk leven mogelijk in een intergetijdengebied.

Our beliefs about nature and our relationships with non-human beings have influenced the way we build things. Negotiating Boundaries aims to restore these relationships and ecosystems by designing for the Symbiocene. Lotte Wigman promotes a construction style that embraces erosion as a part of the design process and welcomes rising sea levels and degradation. Her tidepool enables interaction between human and non-human life in an intertidal zone.

Lotte Wigman

Evolved

ArtEZ University of the Arts, Enschede
Crossmedia Design

Evolved is ontstaan uit nieuwsgierigheid naar AI-technologieën, en onderzoekt of kunstmatige kunst de creativiteit van hedendaagse kunstenaars kan evenaren. Sanne Licht heeft de letter 'S' als vertrekpunt genomen voor haar onderzoek. Na diverse analoge experimenten met materialen zoals kaarsvet, lijm, ijsblokjes en planten, heeft ze voorstudies gemaakt met purschuim, die ze vervolgens heeft gedigitaliseerd. Hieruit zijn onverwachte interpretaties van lettervormen ontstaan, waarbij de technologie zich beweegt langs de grenzen van de herkenbare vorm.

Evolved arose from a curiosity about AI technologies, and explores whether artificial art can match the creativity of contemporary artists. Sanne Licht used the letter 'S' as the starting point for her research. After completing various analogue experiments with materials like candle wax, glue, ice cubes, and plants, she created preliminary studies with polyurethane foam, which she then digitalised. This process led to unexpected interpretations of letterforms, where technology moves past the boundaries of the recognizable shape.

Sanne Licht

A Largely Distorted yet Surprisingly Ordered Map of Regular Irregularities

Photography: Simon Pillaud

Gerrit Rietveld Academy, Amsterdam
Illustration/Animation/Game Art
Award: Ron Mandos Public Choice Award 2023

Het werk van Fanja Bouts representeert een absurde wereldkaart met satirische en duister-humoristische scènes. Ze verweeft op speelse wijze vrolijke personages en complexe kwesties tot een schijnbaar chaotische, maar toch geordende puzzel. Haar boodschap benadrukt de urgente behoefte aan mondiale verandering, belicht vanuit een apocalyptisch tapijt dat de gevolgen van onze hyperkapitalistische samenleving toont. Het werk, dat ontwikkeld is in samenwerking met het TextielLab, wordt gekenmerkt door het contrast tussen het zachte breiwerk en de presentatie van harde hedendaagse thema's. Drie met de hand gesneden houten beelden dragen het tapijt en kijken enigmatisch naar de toeschouwer.

Fanja Bouts' work represents an absurd map of the world, alive with satirical and darkly humoristic scenes. The artist playfully interweaves cheerful personages and complex issues into an apparently chaotic, yet ordered puzzle. Her message emphasises the urgent need for global change, illuminated by an apocalyptic tapestry depicting the consequences of our hyper-capitalistic society. The work, developed in collaboration with TextielLab, is characterised by the contrast between the soft knitting and the presentation of hard-hitting modern-day themes. Three hand carved wooden statues support the tapestry, enigmatically contemplating the viewer.

Fanja Bouts

A Superyacht Encounter

Photography: Ronald Smith
Video: https://bit.ly/3FBXjPn

Design Academy Eindhoven
Master Contextual Design

A Superyacht Encounter hekelt de verheerlijking van superjachten als statussymbolen. Met een installatie van een levensgroot fragment en een 3D-animatie wordt de harde realiteit onthuld: ongelijkheid, elitarisme op superjacht shows, mishandeling van bemanning en ernstige milieueffecten. Het project toont de spanning tussen realiteit en verbeelding, perfectie en gebreken, verlangen en bittere waarheid en werpt de vraag op: "Waar gaan we naartoe?".

A Superyacht Encounter denounces the glorification of superyachts as status symbols. With an installation of a life-sized fragment of a boat and a 3D animation a harsh reality is revealed: inequality, elitism at superyacht shows, mistreatment of crew members, and severe environmental damage. The project questions the tension between reality and illusion, perfection and deprivation, and desire and bitter truth, and asks: "Where are we headed?".

Charles Weinberg & Shai Ben-Ami

BADA-23

ArtEZ University of the Arts, Arnhem
Graphic Design

In de toekomst zullen mensen, gedreven door een diepe verbondenheid met de natuur, een radicale transformatie ondergaan. De menselijke verslaving aan het exploiteren van niet-menselijke wezens wordt erkend als schadelijk voor de planeet en menselijke overleving. Gebrek aan natuurlijke hulpbronnen dwingt mensen tot symbiose met gemodificeerde lichaamsorganen, BADA-23 genaamd. Dit geavanceerde model overleeft de milieucrisis. Zo wordt het gemodificeerde lichaam een cruciale stap om milieuschade te bestrijden en menselijke overleving te waarborgen.

In the future, driven by a profound connection with nature, people will undergo a radical transformation. The realisation finally dawns that the human addiction to exploiting non-human beings is harmful to both people and the planet. A lack of natural resources forces people into a symbiotic relationship with modified body organs, named BADA-23. This advanced model survives environmental crises. This modified human body represents a crucial step in fighting environmental damage and ensuring the survival of the human race.

Eunju Park

Leaking as Publishing Work

Photography: The Book Photographer

Willem de Kooning Academy, Rotterdam
Graphic Design

In het boek Leaking as Publishing Work duiken we in de wereld van klokkenluiders. Tetske Felen ziet de klokkenluider als een uitgever, wiens taak het is om de waarheid te documenteren en openbaar te maken. Dit werk benadrukt waarom lekken als een vorm van publicatie zowel creatief als politiek gezien van grote waarde is, en werpt licht op twee prominente klokkenluiders: Arthur Gotlieb en Edward Snowden.

The book Leaking as Publishing Work delves into the world of whistleblowers. Tetske Felen views whistleblowers as publishers whose job it is to document the truth and make it public. Her work underscores why leaking information as a form of publication is of great value both creatively and politically, and sheds light on two prominent whistleblowers: Arthur Gotlieb and Edward Snowden.

Tetske Felen

Wegwijs

Willem de Kooning Academy, Rotterdam
Industrial Design

De Wegwijs-app en het bijbehorende apparaat bieden via tactiele en auditieve signalen begeleiding aan blinden en slechtzienden in het verkeer. Het prototype maakt gebruik van Seeeduino-hardware, gekoppeld aan een kompas en drie vibratiepunten. Wanneer de gebruiker van de juiste koers afwijkt, zal de kant die gecorrigeerd moet worden pulseren om de benodigde aanpassing aan te geven. Deze navigatie en oriëntatiehulpmiddelen bevorderen de veiligheid, zelfstandigheid en daarmee ook het zelfvertrouwen van mensen met een visuele beperking tijdens hun verkeersdeelname.

Using tactile and auditory signals, the Wegwijs (Wayfinder) app and associated device provide guidance to blind and visually impaired people moving through traffic. The prototype relies on Seeeduino hardware which is linked to a compass and three vibration points. Whenever a user deviates from the correct path, the side requiring correction will pulse to inform them of the necessary adjustment. This navigation and orientation aid promotes the safety, independence, and therefore self-confidence of people with visual impairments as they interact with traffic.

Sophie Haring

Onzichtbaar Toezicht

ArtEZ University of the Arts, Zwolle
Graphic Design

Onzichtbaar Toezicht onderzoekt de impact van de nieuwe wet (Tijdelijke wet op de inlichtingen- en veiligheidsdiensten) die de bevoegdheden van de Nederlandse geheime diensten vergroot. Lisa Bakker wil het verborgen toezicht zichtbaar maken door middel van een interactieve installatie. Bezoekers kunnen in de 'toezichtbox' van doorkijkspiegels plaatsnemen en zichzelf zien, terwijl omstanders hen onopgemerkt bekijken. Een mini-camera in de box registreert video- en audiobeelden die live worden weergegeven in een 'controlekamer' elders in het gebouw. Dit project laat bezoekers ervaren hoe het is om zowel in de rol van de burger als die van de inlichtingendiensten te staan, met als doel bewustzijn te creëren over de gevolgen van de nieuwe wet.

Hidden Surveillance explores the impact of new legislation (the Temporary Dutch Intelligence and Security Services Act) that gives the Dutch secret services more extensive operational powers. Lisa Bakker uses an interactive installation to bring this hidden surveillance out in the open. Standing in the 'surveillance box' made of two-way mirrors, visitors see themselves while those outside are free to observe the visitor, unnoticed. A mini camera in the box records video and audio, which is played live in a 'control room' elsewhere in the building. This project allows visitors to experience both the role of the citizen and the intelligence services, and aims to raise awareness of the consequences of the new legislation.

Lisa Bakker

Peukenpapier

Willem de Kooning Academy, Rotterdam
Product Design

In een wereld waarin de straten bezaaid zijn met sigarettenpeuken ziet Loïs Schoemaker niet alleen een probleem, maar een kans en uitdaging. Ze geeft nieuw leven aan dit schijnbaar waardeloze stukje peukenafval door er gerecycled papier van te maken. Haar project gaat verder dan het creëren van papier; het vertegenwoordigt een belangrijke verschuiving in ons bewustzijn over afval. Het daagt ons uit om het potentieel te ontdekken dat schuilt in alledaagse voorwerpen. Wat kunnen we nog meer aan duurzaams en moois creëren uit afval?

In a world where the streets are littered with cigarette butts, Loïs Schoemaker not only sees a problem, but also an opportunity and a challenge. She gives new life to this seemly worthless piece of cigarette rubbish by turning it into recycled paper. But her project goes beyond making paper; it represents an important shift in our awareness of waste. It challenges us to discover the hidden potential in everyday objects. What other beautiful, sustainable things could we create from our trash?

Loïs Schoemaker

DUTCH WASTESCAPES

HKU University of the Arts, Utrecht
Graphic Design

Afval verdwijnt niet zomaar; het is in de loop der tijd op talloze plekken gestort en zorgvuldig verborgen. Tegenwoordig zijn deze stortplaatsen vaak getransformeerd tot functionele landschappen die nauwelijks meer herkenbaar zijn als dumpplaatsen. DUTCH WASTESCAPES brengt deze opmerkelijke locaties in Nederland in kaart. De publicatie onthult enerzijds het nieuwe landschap dat is gemaakt uit afval en anderzijds het verleden dat eronder schuilgaat.

Rubbish doesn't simply disappear; over the years, it has been dumped at countless places and carefully concealed from view. Many of these dumping grounds have now been transformed into functional landscapes that give little hint of their trashy past. DUTCH WASTESCAPES puts these extraordinary spots in the Netherlands on the map. The publication reveals both the new landscape, made of waste, and the past hiding underneath.

Chris Boender

The Future of Lungs

Photography: Charlotte Brand
Video: https://bit.ly/40o8WTF

Royal Academy of Art, The Hague
Interactive Media Design
Award: Young Talent Award Manifestations 2023 / Third prize

The Future of Lungs is een speculatieve video-installatie die bezoekers uitnodigt om deel te nemen aan een experiment dat de toekomst van het menselijk lichaam verkent. Ongeveer honderd jaar in de toekomst, als gevolg van extreme luchtvervuiling door menselijke activiteiten, wordt de luchtkwaliteit dodelijk slecht. Mensen worden gedwongen om nieuwe manieren van overleven te ontdekken in een wereld zonder frisse lucht. Geïnspireerd door planten, die koolstofdioxide omzetten in zuurstof, bundelen wetenschappers en biologen hun krachten om de toekomst van de mensheid te herdefiniëren. Ze creëren een hybride wezen van mens en plant die bij elke uitademing schone lucht produceert en zo de schade aan de planeet herstelt.

The Future of Lungs is a speculative video installation that invites viewers to participate in an experiment exploring the future of the human body. About hundred years from now, extreme air pollution caused by human activities results in air quality deteriorating to fatal levels. People are forced to find new ways of surviving in a world without fresh alr. Drawing inspiration from plants, which convert carbon dioxide into oxygen, scholars and biologists work together to redefine the future of humanity. They create a hybrid being that produces clean air with every breath, helping to repair the damage to the planet caused by humans.

Flóra Lazin

Imelda Marcos: Diamonds in Diapers

Photography: Anna Theunissen

Royal Academy of Art, The Hague
Fashion Design/Textile Design

Imelda Marcos is de voormalige first lady van de Filipijnen en staat bekend om haar enorme verzameling schoenen, jurken en diamanten, die ze in luiers verborg toen ze het land ontvluchtte. Ze is een invloedrijke en controversiële figuur die verdeeldheid veroorzaakte. Voor de Filipijnse samenleving is zij het symbool van schoonheid en rijkdom geworden, twee waarden die daar hand in hand gaan. In de modecollectie Imelda Marcos: Diamonds in Diapers probeert Jose een nieuwe betekenis te geven aan schoonheid door gebruik te maken van ruwe, ongepolijste mannen, gehuld in haute couture, zoals Imelda dat mooi zou vinden. Deze collectie belichaamt schoonheid niet als luxe, maar als kunstvorm waarbij diamanten en luiers zijn gecombineerd.

Imelda Marcos is the former first lady of the Philippines. She is renowned for her enormous collection of shoes, dresses and diamonds, which she hid in diapers when she was forced to flee the country. Marcos is an influential, controversial and divisive figure. In the Philippines, she has come to symbolise beauty and wealth, two values that go hand in hand in the country. In this fashion collection, Jose attempts to redefine beauty by dressing rugged men in haute couture, as would be to Imelda's liking. This collection characterises beauty not as a luxury, but as an art form, in which diamonds and diapers become one.

Jose Marie Sta Iglesia

0D-4D

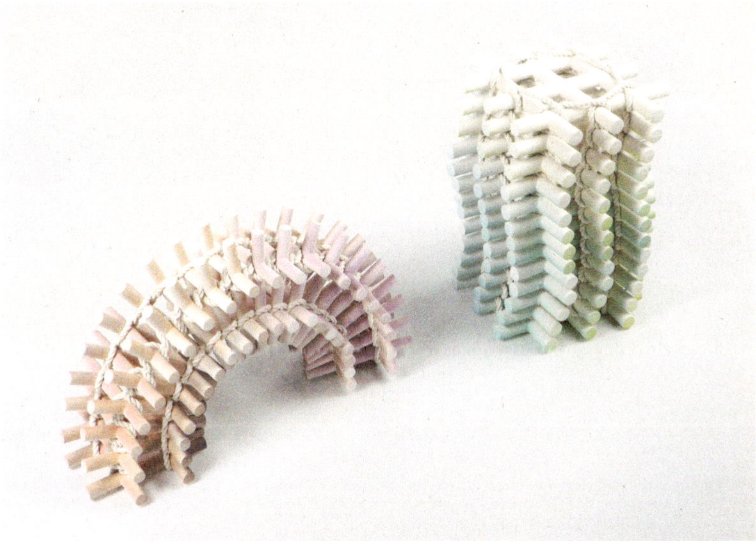

ArtEZ University of the Arts, Arnhem
Product Design

Juyoung Jung creëerde een collectie keramische objecten die de overgang van de nulde naar de vierde dimensie visualiseert, geïnspireerd door de evolutie van punt naar lijn naar vlak naar ruimte. Ze begon met lineaire elementen, creëerde vervolgens oppervlakken en volumes door deze elementen te doorsnijden, en eindigde met flexibele structuren die van vorm en kleur veranderen, als representatie van vierdimensionale objecten. Hiermee daagt ze ons begrip van ruimte uit en nodigt ze uit om te reflecteren op de mogelijkheden van bestaan buiten onze gebruikelijke waarneming.

Juyoung Jung created a collection of ceramic objects that visualises the transition from the zeroth to the fourth dimension, inspired by the evolution from point to line to surface to space. Starting with linear elements, she then created surfaces and volumes by intertwining these elements, and ended with flexible structures that change form and colour, as a representation of four-dimensional objects. Juyoung Jung challenges our understanding of space and invites viewers to contemplate the possibilities beyond our usual perception.

Juyoung Jung

Cocoon

Photography: Adam Kowalik

Academy Minerva, Groningen
Spatial Design

Cocoon is een experimentele ruimte voor één persoon waarin je kunt gaan liggen als je behoefte hebt aan een prikkelarme omgeving. Nadat je plaats hebt genomen, wordt de ruimte afgesloten met een aluminiumplaat waar Monika Romanowska langzaam haar handen overheen laat glijden. Op deze manier bootst ze aan de binnenkant een visuele voorstelling na van kabbelend water. Dit fenomeen staat bekend als 'het blauwe gezondheidsfenomeen', oftewel het geheim van geluk. Het overprikkelde brein en zenuwstelsel worden gekalmeerd met behulp van waterelementen.

Cocoon is an experimental space for one person – a place to lie down if you need a low-stimulus environment. Once you have taken a seat, the room is closed with an aluminium panel that Monika Romanowska slowly runs her hands across. With this movement, she recreates a visual depiction of rippling water inside the space. The experience is known as 'the blue health phenomenon', or the secret to happiness. Both an overstimulated mind and the nervous system are calmed with the help of water elements.

Monika Romanowska

Fernweh

ArtEZ University of the Arts, Zwolle
Graphic Design

In de schaduw van een kleurloos bestaan ontwikkelt de hoofdpersoon van Fernweh een diepgeworteld verlangen naar kennis en avontuur. Zijn zoektocht brengt hem in aanraking met markante dieren, wijze gidsen en nieuwe levensperspectieven. Elke ontmoeting en elk landschap draagt bij aan zijn groei en transformatie. Met verwijzingen naar filosofen en kunstenaars weeft Fernweh een poëtisch verhaal van ontdekking en doorzettingsvermogen. Het is een ode aan de natuur, oude culturen en aan de kracht van zowel fysiek als innerlijk reizen. Het herinnert ons eraan dat onze grootste avonturen beginnen wanneer we onze grenzen verleggen en openstaan voor ontmoetingen.

In the shadow of a colourless existence, the main character in Fernweh develops a deep-seated desire for knowledge and adventure. His search exposes him to remarkable animals, wise sages, and new perspectives on life. Every encounter and every landscape contribute to his growth and transformation. Referencing philosophers and artists, Fernweh weaves a poetic tale of discovery and perseverance. It is an ode to nature, ancient cultures, and the power of both physical and inward journeys. It reminds us that our grandest adventures start when we push our boundaries and open ourselves up to new encounters.

Pieter Brouwer

STEIM'23

Royal Academy of Art, The Hague,
Graphic Design

Sinds 1969 fungeerde STEIM als laboratorium voor experimentele elektronische muziek, centrum voor instrumentontwikkeling en geluidskunst, onderzoeksruimte voor performance, studieplek en gastenverblijf. Helaas heeft STEIM haar activiteiten in 2020 stopgezet. Om haar rijke geschiedenis te behouden, zette Patrick Hutchinson zich in om de unieke elektronische muziekinstrumenten en -projecten die tijdens het vijftigjarig bestaan van STEIM zijn gecreëerd te verzamelen en tentoon te stellen. Een prototype website biedt gecureerd materiaal van STEIM aan. Interviews, beeldmateriaal en onderzoeksresultaten zijn gebundeld in een bijbehorende zine. Tijdens zijn afstudeerexpositie presenteerde Patrick de website en de zine naast een originele STEIM-creatie uit 1993, het zogenaamde Finger Web instrument, waardoor bezoekers de innovatie van STEIM rechtstreeks konden ervaren.

Since 1969, STEIM has functioned as a laboratory for experimental electronic music, a centre for instrument development and sound art, a research space for performance, a place to study and a guesthouse. Unfortunately, STEIM ceased its operations in 2020. To preserve its rich history, Patrick Hutchinson has committed himself to collecting and exhibiting the unique electronic musical instruments and projects created during the organisation's fifty-year history. A prototype website features a curated selection of materials from STEIM, while interviews, images and research findings have been bundled into an accompanying zine. At his graduation show, Patrick presented the website and zine alongside an original STEIM creation from 1993 – the so-called Finger Web instrument – giving visitors the opportunity to experience STIEM's innovations first-hand.

Patrick Hutchinson

We Never Change

Photography: Jasper Zijlstra

HKU University of the Arts, Utrecht
Illustration Media
Award: Young Talent Manifestations 2023 / First prize

We Never Change is een herwaardering van de Griekse mythologie. In een serie van vijf keramische, beschilderde vazen koppelt Nonna Hoogland Griekse mythen aan het heden. De vazen zijn gebaseerd op Klassiek Grieks aardewerk en de Renaissance diende als inspiratie voor de beschilderingen. Door in de verbeelding diepmenselijke thema's uit de Griekse mythologie te spiegelen aan vergelijkbare kwesties in deze tijd, onderzoekt Nonna Hoogland de verschuivende normen en waarden van deze thematiek.

We Never Change is a revaluation of Greek mythology. With a series of five painted ceramic vases, Nonna Hoogland links Greek myths to modern times. The shape of the vases is based on ancient Greek pottery, while the paintings are inspired by the Renaissance. By imaginatively mirroring deeply human themes from Greek mythology with comparable contemporary issues, Nonna Hoogland investigates the shifting standards and values associated with these themes.

Nonna Hoogland

Dreams of Yesterday

St. Joost School of Art & Design, Den Bosch
Illustrated & Animated Storytelling
Award: Lucasprijs 2023 / First prize

De intuïtieve houtskoolanimatie Dreams of Yesterday beeldt de rauwe ervaring van ontheemding en de uitdagingen van gedwongen migratie uit. Khattar Shaheen dompelt de kijkers onder in de intensiteit van het bestaan als vluchteling, door hen mee te nemen op een indrukwekkende reis vol visuele verbeelding en diepgewortelde emoties. Zijn authentieke en expressieve creatie toont de zoektocht naar een sprankje hoop te midden van chaos en onzekerheid.

The intuitive charcoal animation Dreams of Yesterday captures the distress of being uprooted and the challenges of forced migration. Khattar Shaheen delves the viewers into the intensity of life as a refugee, by transporting them on a captivating journey, alive with visual excitement and intense emotions. His authentic and expressive creation shows the quest to find a glimmer of hope in a sea of uncertainty.

Khattar Shaheen

Completing the Grid

Design Academy Eindhoven
Master Contextual Design

In Completing the Grid wordt het concept van flow verkend door middel van breien. Het demonstreert dat breien het mentaal welzijn kan bevorderen door verhoogde concentratie, innerlijke rust en emotioneel evenwicht. Het project biedt richtlijnen om breien als dagelijkse gewoonte te omarmen en vaardigheden te ontwikkelen. Door bijvoorbeeld je handen in blauw pigment te plaatsen vóór het breien, wordt het aanraken van niet-brei-gerelateerde objecten ontmoedigd. Hiermee onderzoekt en reflecteert Léo Nunes Almeida thema's zoals aandacht, toewijding, consistentie en emotionele balans. Het project viert kleine verbeteringen en voortgang in de tijd.

Completing the Grid uses knitting to explore the concept of flow. It demonstrates how knitting can promote mental well-being through increased concentration, inner peace, and emotional balance. The project offers guidelines for how to embrace knitting as a daily practice, and how to develop skills. For example, by placing your hands in blue pigment before starting knitting, you are discouraged from touching objects not directly involved in the process. Léo Nunes Almeida explores and reflects on themes such as concentration, motivation, consistence, and emotional balance. The project celebrates minor improvements and progress through time.

Léo Nunes Almeida

Transcending: Mesh to Matter

Photography: Carlfried Verwaayen

Design Academy Eindhoven
Product Design/Interaction Design
Award: Melkweg Award 2023

Transcending: Mesh to Matter onderzoekt de versmelting van digitale technologie en fysieke ambacht vanuit het perspectief van een maker. Met behulp van Virtual Reality worden 3D-meshmodellen gevormd en verfijnd om een unieke esthetiek te creëren. De resulterende vazen dragen de sporen van ambachtelijk vervaardigd keramiek, doordrenkt van digitale invloeden. Dit project is een eerbetoon aan het ambacht en biedt tegelijkertijd een voorproefje van de mogelijkheden die ontstaan wanneer de fysieke en digitale wereld samenkomen.

Transcending: Mesh to Matter investigates the confluence of digital technology and physical craft from the maker's perspective. Using virtual reality, 3D mesh models are shaped and refined to create a unique esthetic. The resulting vases bear the traces of handmade ceramics, yet are steeped in digital influences. This project pays tribute to handicraft while offering a taste of the possibilities that arise when our physical and digital worlds converge.

Ralf Gloudemans

Praat Lekker Normaal™

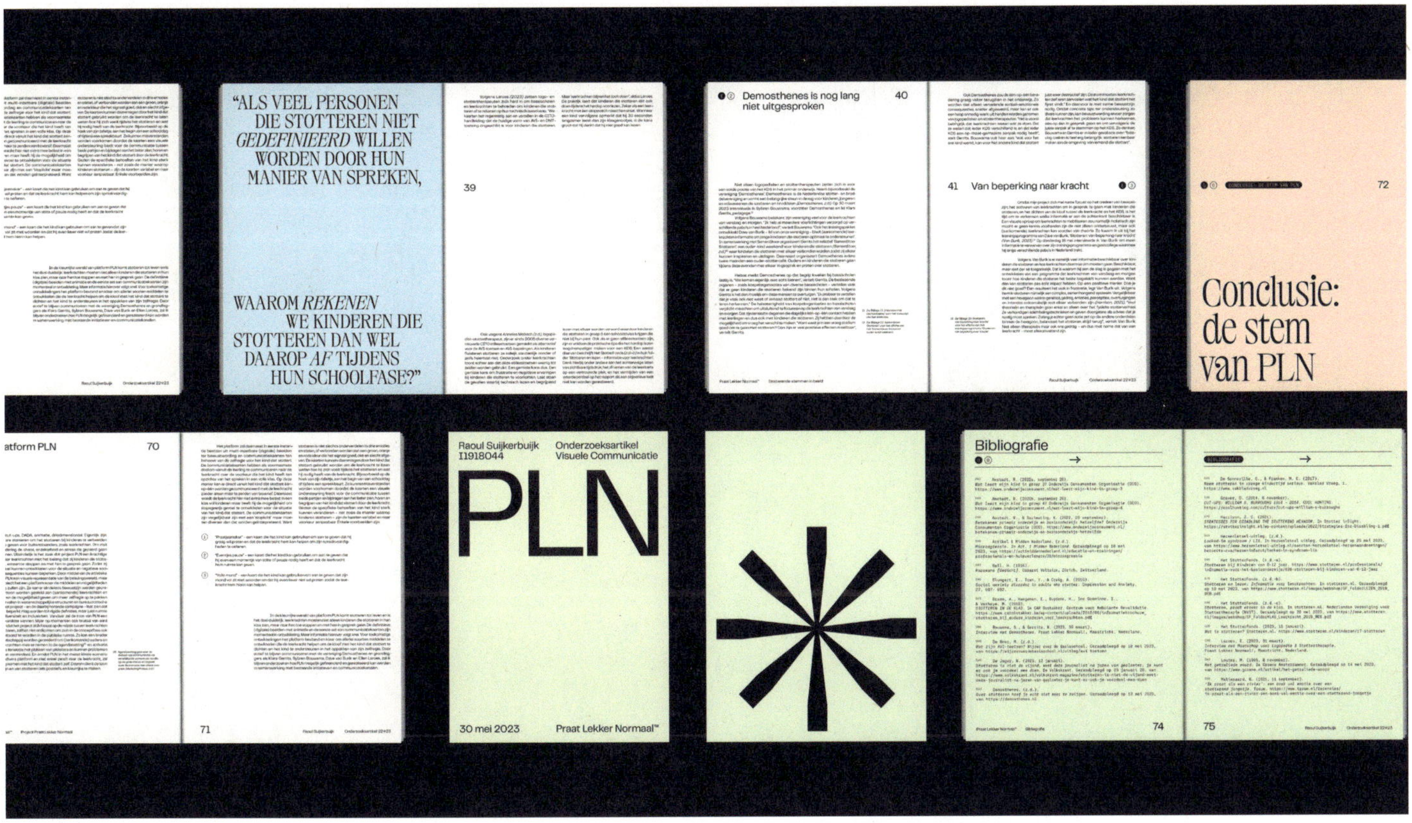

Maastricht Institute of Arts
Visual Communication

Praat Lekker Normaal™ (PLN) behandelt een belangrijk onderwerp binnen het basisonderwijs: stotteren. Onderzoek toont aan dat wanneer leerkrachten stotterende kinderen niet voldoende ondersteunen, deze kinderen veel last kunnen ondervinden op sociaal-emotioneel gebied. Daarom heeft Raoul Suijkerbuijk een platform gecreëerd om de communicatiekloof tussen leerkrachten en stotterende kinderen te overbruggen. Met behulp van strategische visuele hulpmiddelen, zoals motion design en communicatiekaarten, wordt het bewustzijn over stotteren vergroot en tracht hij projectgedrag van leerkrachten positief te beïnvloeden.

Praat Lekker Normaal™ (PLN), meaning 'just speak normally', addresses an important topic in early education: stuttering. Research shows that when teachers do not sufficiently support children who stutter, these children may also experience a lot of social-emotional difficulties. Raoul Suijkerbuijk has therefore created a platform to bridge the communication gap between teachers and children who stutter. Using strategic visual aids, such as motion design and communication cards, the project aims to increase awareness of stuttering and positively impact teachers' behaviour.

Desig

A

Words: Pao Lien Djie

n

Bij het maken van een selectie uit de talrijke bekroonde designprojecten probeerden we ook dit jaar weer recht te doen aan de reikwijdte en de rijkdom van het ontwerpvak. Het resultaat is een weloverwogen mix van verschillende disciplines, designprijzen, grote namen en starters, waarin we streefden naar zowel balans als variëteit en voorbeeldig ontwerpwerk tonen dat de grote verscheidenheid van het ontwerpvak onderstreept. Hierbij valt op dat ontwerpers in de breedte en diepte bijdragen aan oplossingen voor een aantal grote opgaves van deze tijd. Dat is ondanks alle uitdagingen toch ook een hoopvolle constatering. En wat hier natuurlijk niet onvermeld mag blijven is dat ook ons eigen Dd Magazine door het internationale ontwerpveld werd onderscheiden; studio de Ronners ontvingen een Zilveren EDA voor het ontwerp.

When making a selection from the countless award-winning design projects, we once again strive to do justice to the scope and wealth of the design field this year. The result is a well-considered blend of different disciplines and design awards, and of major names and starters, in which we attempted to show balance and variety, and demonstrate the exemplary design work that emphasises the multiplicity of the design field. It is striking that designers in all shapes and forms are contributing to solutions for the major problems of our time. Despite all the challenges, this is still an optimistic observation. And of course, what should not go unmentioned here, is that our very own Dd Magazine earned recognition from the international design community; studio de Ronners received a Silver EDA for their design work.

wards

Naar Rome...

Jelle Seegers
↳ Page 136

Om de problemen waarvoor de huidige tijd ons stelt het hoofd te bieden, kunnen we al het creatief denkvermogen gebruiken dat er is. Niet zozeer de weg erheen, maar vooral de oplossing zelf is daarbij van belang. Immers, er zijn vele wegen die naar Rome leiden.

Daarom namen we deze editie ook projecten zonder opdrachtgevers in de Design Awards-sectie op. Want waar de een het beste gedijt in een opdrachtsituatie, stelt de ander zichzelf liever de opdracht. We konden hierdoor bijvoorbeeld aandacht besteden aan een eenmanswerkplaats die draait op zonne-energie of aan een architectonisch prototype dat snel onderdak en voedsel kan bieden in extreme gebieden op aarde én in de ruimte.

De Zachte Stad
↳ Page 113

LEMMO One: E+Bike
↳ Page 95

Onder de projecten die vanuit reguliere opdrachtsituaties ontstonden, zijn bovengemiddeld veel projecten waarbij duurzaamheid, in de verschillende betekenissen van het woord, een belangrijke rol speelt. Uit de enorme verscheidenheid van de projecten blijkt hoezeer het belang ervan inmiddels tot alle geledingen van het vak is doorgedrongen. De waaier aan projecten loopt uiteen van een hybride fiets tot een slimme kartonnen bierverpakking en van een sprekende watertap tot een onderzoek naar de toepassingen van Rotterdams wol.

De maatschappij is in beweging en dat vraagt om nieuwe routes en flexibiliteit van denken. Het helpt om uit je eigen bubbel te stappen en je te verplaatsen in ‘de ander’. Aan social designers de belangrijke taak om met hun werk cohesie en verdraagzaamheid in de samenleving te bevorderen door het ontwerpen van ontmoetingen, begrip en empathie.

Langzamerhand raken we er ook van overtuigd dat we de manier waarop mens en dier samenleven moeten herzien en dat niet-menselijk leven thuishoort in onze plannen. Hoe deze andere planeetbewoners de wereld om hen heen ervaren, zien (en lezen) we in een rijk geïllustreerd kinderboek over de geschiedenis van de mensheid door dierenogen. Bij het nadenken over modellen voor een verdraagzame samenleving tussen mens en dier blijkt het zinvol om ook naar het verleden te kijken, zo leert ons een interactieve documentaire over de respectvolle wijze waarop Slovenen van oudsher samenleven met de insecten waarvan we als mensheid afhankelijk zijn.

Een kleine geschiedenis van de mens door dierenogen
↳ Page 115

Al zoekend naar oplossingen gaan sommigen recht op hun doel af, waar anderen kiezen voor een toeristischer route. De een reist alleen, de ander sluit zich aan bij een kleine of grotere reisclub. Hoe de route ook wordt afgelegd, Rome blijkt de ene keer in een verre toekomst, dan weer om de hoek en of in het verleden te liggen. ●

To Rome...

ExoGarden
↳ Page 105

In order to face the problems of our time, we need to call on all available creative brainpower. It's not necessarily how we get there that is important, but rather the solution itself. After all, many roads lead to Rome.

That is why for this edition, we have also included uncommissioned projects in the Design Awards section. Because while some people thrive working on commissions, others prefer initiate projects themselves. This change enabled us to highlight a one-person workplace that runs on solar energy, for example, and an architectonic prototype that can quickly offer shelter and food in extreme areas of the earth, in a single space.

Of the projects that arose from commissions, there are a notably large number in which sustainability – in its many denotations – plays a significant role. The enormous variety of projects pays testament to the extent to which the importance of sustainability has now permeated into all parts of the field. The spectrum of projects ranges from a hybrid bicycle to smart beer packaging, and from a talking water tap to research exploring the potential applications of wool from Rotterdam.

Society is shifting, which means new approaches are required, as is flexible thinking. It helps to move outside of your own bubble and to put yourself in the shoes of 'the other'. Social designers are giving themselves the important job of using their work to nurture cohesion and tolerance in society by designing encounters, understanding and empathy.

The Pollinators of Slovenia
↳ Page 137

The realisation is gradually dawning upon us that we need to rethink the relationship between animal and human, and that non-human life must have a place in our plans. We see (and read) how these other residents of the planet experience the world around them in a lavishly illustrated children's book about the history of humanity, seen through animal eyes. When considering models for a society in which humans and animals live together in tolerance, looking to the past proves worthwhile: an interactive documentary teaches us about the respectful way in which Slovenians traditionally coexist with the insects upon which humanity depends.

In their search for solutions, some head directly towards their destination, while others take a more scenic route. Some travel alone, while others join a smaller or larger travel club. However the journey is made, Rome sometimes appears to be far in the future, while other times just around the corner, or even the past. •

Tailors & Wearers

Jury Dutch Design Awards 2023:

"The impact of the Tailors & Wearers platform is especially meaningful; it's a celebration of Afro-Surinamese heritage, fashion and education, for and by different generations."

→ Read more on page 98

Jury Best Verzorgde Boeken 2022:

“This impressive example jumps out among the trend for ‘botanical books’ thanks to the extremely painstaking way it has been made and the tasteful design choices.”

↳ Read more on page 98

Jury Dutch Design Awards 2023:

"With Voices from the Frontline, CLEVER°FRANKE transforms bulky reports into clear data visualisations and stories; it demonstrates the craftsmanship and precision this agency is known for."

↳ Read more on page 98

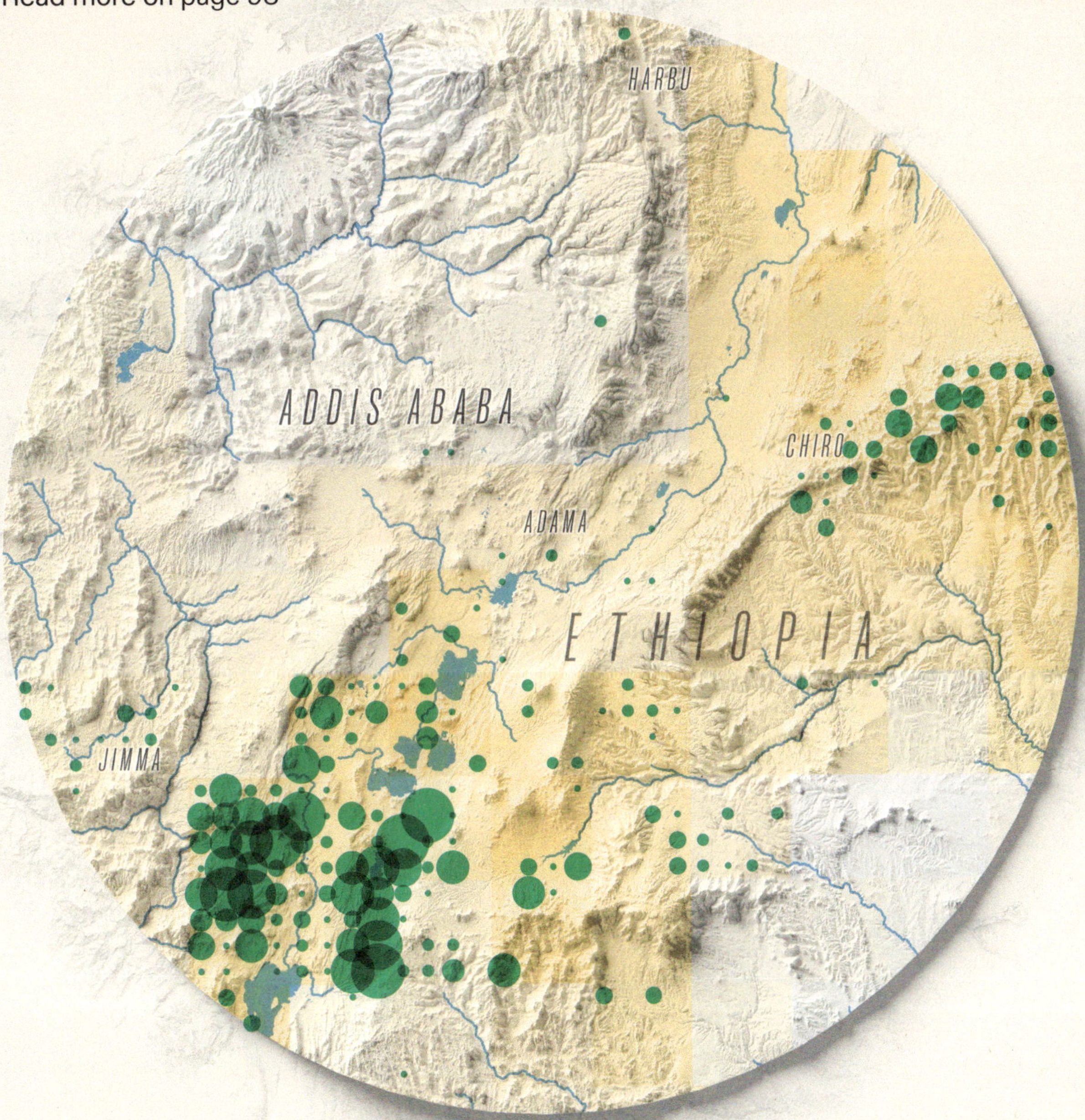

LEMMO One: E+Bike

John Kock, Springtime

"We houden ons sinds 1995 bezig met alles tussen lopen en de auto in. We hebben dus al talloze mobiliteitsprojecten gedaan. Als wij naar een fiets kijken zien we alle details: de geometrie die bepaalt hoe licht of zwaar je stuurt, de zithouding, de elektronische en alle traditionele fietscomponenten; hierin zit veel opgebouwde kennis." Aan het woord is John Kock, samen met Marcel Schreuder partner bij het Amsterdamse ontwerpbureau Springtime.

Het Duitse Lemmo benaderde Springtime met een idee voor een innovatief concept voor een hybride fiets. Alle elektronica moest in een smartpack worden gebundeld en eenvoudig verwijderbaar zijn. Daarnaast moest een 'Dual Mode Hub' zorgdragen voor een lichtere fietservaring door met een koppeling de 250 watt naafmotor los te laten komen van het achterwiel waarop die is bevestigd.

Het naadloze aluminium model dat Springtime ontwierp voldoet aan de behoeftes van zowel de commuter als aan die van de sportievere recreatieve fietser. Die hoeft niet al bij aanschaf te beslissen hoe hij de fiets wil gebruiken. De zorgvuldig ontworpen batterij die eenvoudig in het frame wordt geklikt kan direct samen met de fiets worden aangeschaft, maar ook worden gehuurd of pas in tweede instantie gekocht. Het smartpack blijft eigendom van Lemmo, dat via een abonnement makkelijk de technologie up to date kan houden en upgraden en reparaties uitvoeren of onderdelen vervangen. Dit verlengt de levensduur van de fiets aanzienlijk. Kock: "In veel e-bikes is de elektronica en de bekabeling in het product geïntegreerd waardoor je er niet makkelijk iets uit kan pakken en vervangen of repareren. Bij deze fiets is dat veel simpeler. Wij hechten veel belang aan het duurzaamheidsaspect. Dit was vroeger nog een soort luxe maar nu gelukkig steeds vaker een van de pijlers van een project."

"Springtime doet veel projecten rond nieuwe concepten. Doordat hier ook vanuit de klant een vrij hoog innovatie risicogehalte aan zit, haalt een deel van wat we ontwerpen de markt niet. Jammer, maar dit soort innovatieve 'laboratorium' projecten haalt wel het beste uit ons. Ze helpen ons in brede zin na te denken over mobiliteit en vormen een goeie balans met de wat behoudende projecten die de kraamkamer wel halen."

"Since 1995, we have focused on everything between walking and cars. So we've already worked on countless mobility projects. When we look at a bike, we see every single detail: the geometry that determines how light or heavy the steering is, the sitting position, the electronic elements and all of the traditional bike components; we've built up a huge amount of knowledge in all of these areas." These are the words of John Kock, partner at Amsterdam-based design agency Springtime, together with Marcel Schreuder.

The German company Lemmo approached Springtime with an idea for an innovative concept for a hybrid bike. All of the electronics needed to be housed in a 'Smartpac', which needed to be easy to remove. A 'Dual Mode Hub' also needed to ensure a less strenuous traditional cycling experience, by using a clutch to disengage the 250 watt hub motor from its position on the back wheel.

The seamless aluminium model that Springtime designed caters to the needs of both commuters and adventurous recreational cyclists, who no longer have to determine their intended use for the bike at time of purchase. The meticulously designed battery, which is easily clicked into the frame, can be purchased together with the bike or at a later date, but it can also be rented. Through a subscription service, Lemmo can then easily keep the technology up to date, install upgrades, carry out repairs and replace parts. This prolongs the lifespan of the bike considerably. Kock: "In many e-bikes, the electronics and wires are integrated in the product, which makes it difficult to replace parts or carry out repairs. That's a lot more simple with this bike. We believe that the sustainability aspect is very important. That used to be something of a luxury consideration, but it is – thankfully – increasingly more often one of the cornerstones of a project."

"Lots of the projects that Springtime works on involve new concepts. Because such projects also have a relatively high innovation risk for the client, some of what we design never makes it as far as the market. It's a shame, but these innovative 'laboratory' projects do bring out the best in us. They help us to think about mobility in the broadest sense of the word, and are a good balance with the more conservative projects that do see the light of day."

Photography: Evi Kock

Jury Red Dot Awards 2023:

"Thanks to clever innovations, the LEMMO One fulfils its dual role absolutely convincingly and offers good riding characteristics in both configurations."

↳ Read more on page 99

Jury Dutch Game Awards 2023:

"The game is innovative within the strategy genre, and combines old and new mechanics to create a masterpiece. The depth and complexity give the game a sense of epic proportions."

↳ Read more on page 99

Jury Red Dot Awards:

“This product combines emotional design with intelligent information transfer and thus represents an efficient solution for the mindful use of resources.”

↳ Read more on page 99

Dopper Water Tap

Tailors & Wearers
↳ Page 91

Design: Tailors & Wearers
Award: Dutch Design Award 2023
Category: Fashion
Photography: Michelle Piergoelam for Tailors & Wearers
tailorsandwearers.com

Het platform Tailors & Wearers richt zich op het verzamelen, ontwikkelen en verspreiden van kennis over Afro-Surinaamse kleding en mode. Centraal focuspunt is de geschiedenis en betekenis van de koto. Dit kledingstuk werd door Afro-Surinaamse vrouwen (de kotomisi) sinds de negentiende eeuw traditiegetrouw bij bijzondere gelegenheden gedragen, samen met de angisa – de bijbehorende hoofddoek. De drie initiatiefnemers van het platform zijn als onderzoeker verbonden aan het Research Center for Material Culture in Leiden, het onderzoekscentrum van het Wereldmuseum. Ze brengen als respectievelijk koto- en angisa-deskundige, fotograaf en antropoloog ieder hun eigen kennis en invalshoek mee. Met onderzoeksprojecten, diverse presentaties, workshops en educatieve activiteiten biedt het platform gelegenheid voor kennisuitwisseling tussen mensen met uiteenlopende achtergronden en uit verschillende generaties.

The Tailors & Wearers platform is geared towards gathering, developing and disseminating knowledge of Afro-Surinamese clothing and fashion. The primary focus is on the history and significance of the koto. Since the 19th century, this garment has traditionally been worn by Afro-Surinamese women (the kotomisi) for special occasions, together with the angisa – the associated headscarf. The platform's three initiators are researchers at the Research Center for Material Culture in Leiden, the research centre of Wereldmuseum. As koto and angisa expert, photographer and anthropologist, they each bring their own expertise and perspective to the table. Through research projects, various presentations, workshops and educational activities, the platform allows people from different backgrounds and generations to share their knowledge.

Capturing Nature
↳ Page 92

Design: Haller Brun
Commission: Zucker Art Books
Award: Best Verzorgde Boeken 2022
Additional awards: D&AD Award 2023, AIGA 50 Books | 50 Covers 2022
Photography: Martin Slivka
hallerbrun.eu

Zorgvuldig gedetailleerde publicatie van de Zucker Collectie, met onder meer 13.000 afbeeldingen in 130 uitgaven de meest uitgebreide verzameling natuurdrukken die bestaat. Via vele afbeeldingen, teksten en een volledige index van de unieke collectie leidt het boek ons langs de geschiedenis van zowel de verzameling als van de techniek. De meer dan 45 verschillende drukmethoden die bij natuurdrukken zijn toegepast worden in chronologische volgorde behandeld en met zilver en wit gedrukte tekst op groen papier toegelicht. De prachtige details van natuurdrukken van bloemen, planten, wieren of andere natuurlijke objecten trekken de kijker slim het in een bosgroene omslag gehulde boek in. Naar het hart van de uitgave toe zoomt het perspectief uit om vervolgens weer een omgekeerde beweging te maken tot vlak op de huid van de druksels.

A meticulously detailed publication focusing on the Zucker Collection. With more than 13,000 images in 130 rare and seminal works, this is the most extensive collection of nature prints ever assembled. Using many images, texts and a complete index of the unique collection, the book introduces the history of both the collection and the technique. The more than 45 different printing methods used for nature printing are addressed in chronological order, and are explained in silver and white printed text on green paper. The exquisite details of nature prints of flowers, plants, seaweed and other natural objects cleverly draw the reader into the forest green covered book. The perspective zooms outwards towards the heart of Capturing Nature, from close-ups of printing methods to an overview of the Zucker Collection. It subsequently zooms back in, finishing with close-ups of prints at the end of the book.

Voices from the Frontline
↳ Page 93

Design: CLEVER°FRANKE
Commission: Global Centre for Climate Mobility
Award: Dutch Design Award 2023
Category: Data & Interaction
Additional awards: Red Dot Agency of the Year 2023, Webby Award 2023, CSS Design Award 2022, European Design Award 2023 / Silver
Image: CLEVER°FRANKE
cleverfranke.com

De website Voices from the Frontlines verbindt mensen met data en technologie door complexe onderzoeksgegevens over het effect van klimaatverandering op de leefbaarheid van het Afrikaanse continent te ontsluiten. Met gebruik van datavisualisaties, structuurkaarten, fotografie en video brengt CLEVER°FRANKE de gevolgen op verschillende niveaus onder de aandacht. Tot nu toe onderbelichte data zijn hiermee niet langer te negeren. De website biedt betrokkenen, lokale, nationale en internationale politiek, beleidsmakers en journalisten inzage in de problematiek en benadrukt de urgentie ervan. Een rijk geïllustreerd downloadbaar rapport beargumenteert en ondersteunt een agenda met concrete actiepunten. Voorbeelden uit de dagelijkse realiteit, maken de precaire situatie op menselijk niveau invoelbaar.

CLEVER°FRANKE aims to connect people using data and technology. And that is exactly what the agency achieves with this project. The Voices from the Frontlines website visualises complex research data about how climate change is impacting life in Africa. Data visualisations, structural maps, photography and videos all help to raise awareness of the consequences of climate change across the continent. Data that has been neglected up until now, is now impossible to ignore. The website offers the general public, local, national and international politicians, policymakers and journalists insight into the various problems, and emphasises their urgency. A lavishly-illustrated downloadable report substantiates and supports an agenda with concrete action items. These are supported by real-life examples, helping to make the precarious situation tangible at a human level.

LEMMO One: E+Bike
↳ Page 95

Design: Springtime Design
Commission: Lemmo Gmbh
Award: Red Dot Award 2023
Category: Best of the Best
Additional awards: iF Award 2023
Photography: LEMMO Gmbh
springtime.nl

LEMMO One is een hybride fiets, die elektrisch en tevens als reguliere tweewieler is te berijden. Dat maakt het vervoermiddel geschikt voor woon-werkverkeer, waar snelheid en gemak belangrijk zijn, maar ook voor recreatieve en fysiek uitdagender tochten. De slimmigheid zit 'm in een mooi afgewerkte smartpack die is geïntegreerd in de framedriehoek vlak voor het stuur. Hierin zijn de fietsaccu, de motorsturing en de GPS-tracker weggewerkt. Wanneer elektrische trapondersteuning niet wenselijk is, kan de smartpack eenvoudig worden verwijderd en zelfs als powerbank dienstdoen. De bundeling van elektronische elementen maakt reparaties of upgrades makkelijk, wat bijdraagt aan de levensduur van de fiets. De trapweerstand van de motor kan geheel worden weggenomen doordat de 250 watt naafmotor met behulp van een toegevoegde innovatieve koppeling los kan komen van de naaf.

LEMMO One is a hybrid bike that can be ridden with electric support and also as a regular bicycle. It is therefore ideal for commuting, when speed and ease are essential, but also for recreation and more physically demanding rides. The smart element of this bike is the beautifully crafted Smartpac, which is integrated in the triangle of the frame close to the handlebars. The Smartpac contains the battery, the motor controller and the GPS tracker, and can easily be removed when electric support is not required. It even doubles as a power bank! The electronic elements are manufactured separately, facilitating repairs and upgrades, and prolonging the lifespan of the bike. The LEMMO One's innovative double clutch makes switching from the 250w E-Mode to the no-resistance manual mode child's play.

Age of Wonders 4
↳ Page 96

Design: Triumph Studios
Commission: Paradox Interactive
Award: Dutch Game Award 2023
Categorie: Best Game
Additional awards: Dutch Game Award 2023 / Best Studio
triumph.net

De Delftse studio Triumph bracht in 1999 het eerste World of Wonders spel uit. Dit is de vierde in de reeks strategische 4X games, die zich richten op de gamewaarden Explore, Expand, Exploit en Exterminate. Het spel, dat in single- of multiplayer modus gespeeld kan worden, laat veel ruimte voor de speler: de tactische oorlogen vecht je uit in een fantasy-setting die je door de vele mogelijke variabelen behoorlijk naar je hand kan zetten. Zo kan je kiezen tussen verschillende maatschappijvormen en uiterlijke kenmerken van je volk of bepalen om je gevechten met legers of met monsters aan te gaan. Met iedere beurt breid je je rijk uit en evolueert je volk. De talloze mogelijkheden die het spel biedt om je rijk aan te passen, maken dat je het zich vaak laat herspelen.

The Delft-based studio Triumph released the first World of Wonders game in 1999. This is the fourth in the series of strategic 4X games, which focus on the game values of Explore, Expand, Exploit and Exterminate. The game, playable as single- or multiplayer, gives players plenty of freedom: you fight the tactical battles in a fantasy setting, and a diverse range of variables offer a great deal of control. Choose between different social structures, adjust the appearance of your population and decide whether to go into battle using armies or monsters. With every turn, you expand your kingdom, and your people evolve. The countless possibilities offered by the game to customise your kingdom add a guaranteed replayability factor.

Dopper Water Tap
↳ Page 97

Design: FLEX/design
Commission: Dopper
Award: Red Dot Award 2023
Category: Product
Additional awards:
iF Design Award 2023
Photography: Dopper
flex.nl

Uit onderzoek blijkt dat veel mensen nog steeds kiezen voor eenmalig te gebruiken plastic waterflesjes. Gemakzucht blijkt daarbij de belangrijkste factor. De Dopper water tap, in iedere organisatie installeerbaar, moet hierin verandering brengen. Het ontwerp is duidelijk verwant aan de bekende Dopper waterfles. De tap is door een sensor contactloos te bedienen en heeft een roestvrijstalen lekbak. Kapotte onderdelen zijn eenvoudig te repareren of te vervangen en de tap laat zich aan het einde van de levenscyclus in losse elementen recyclen. Gebruikmakend van Internet of Things-technologie communiceert iedere water tap via een druppelvormig LED display dat erboven hangt hoeveel plastic, waterflessen en CO2 er al met het tappen is bespaard. De eigenaar van de tap kan de data met de gebruikers delen en zo aanzetten tot positieve gedragsverandering.

Research has shown that many people are yet to move away from single-use water bottles. And this principally comes down to laziness. Change is here with the Dopper Water Tap, which can be installed at any organisation. The design is clearly inspired by the popular Dopper reusable water bottle. The tap has a sensor for touchless water dispensing and a stainless steel drip tray. Broken parts can be easily repaired or replaced, and at the end of its life cycle, the separate elements of the tap can be recycled. Using Internet of Things technology, a drop-shaped display above the dispenser offers information on how much plastic and CO2 has been saved (as well as how many water bottles) by using the tap. The owner of the tap can share the data with its users to effect positive behavioural change.

Jury Frame Awards 2023:

"Love the colour and the immersive, almost theatrical experience."

↳ Read more on page 108

Le Bleu

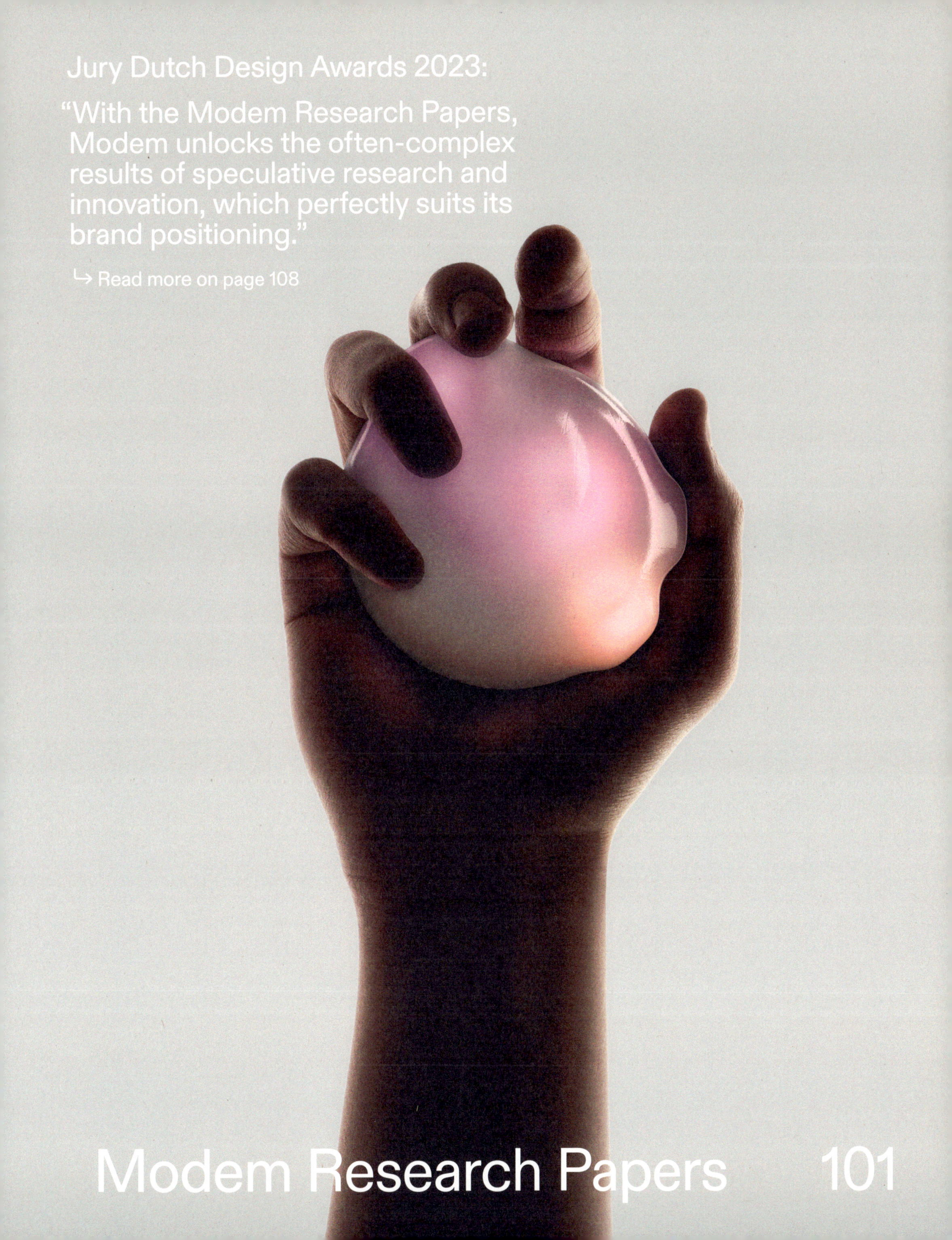
Jury Dutch Design Awards 2023:
“With the Modem Research Papers, Modem unlocks the often-complex results of speculative research and innovation, which perfectly suits its brand positioning.”
↳ Read more on page 108
Modem Research Papers
101

COMPLIANCE
DISCIPLINE
RESTRAINT
SUPERIOR
CIVICS
MARVELOUS
MORALS
PROPERTY IS THEFT
APATHY
SIN
fear
TROPICAL
TEMPTATION
DURIAN RUNTUH
SEEDS OF
SEDUCTION
MINYAK SAWIT

Marcos Kueh

Marcos Kueh

Als een naam het afgelopen jaar op ieders lippen lag, dan is het die van Marcos Kueh. Hoewel pas afgestudeerd in 2022 boekte hij zowel binnen de kunstwereld, de designwereld en de wereld van craft verschillende successen. Voelt hij zich ontwerper, ambachtsman of toch meer kunstenaar?

"Ik merk dat mensen me in een hokje willen stoppen, maar ik heb het gevoel dat ik me precies op het snijvlak van verschillende disciplines bevind. Ik begon mijn opleiding met grafisch ontwerpen maar was erg gefascineerd door de visuele cultuur in mijn vaderland die nauw verbonden is met textiel. Daarom wilde ik me verdiepen in lokale textiele handwerktechnieken van mijn geboorteplaats. Maar op dit soort handwerk rust in Maleisië een groot stigma. Er wordt op neergekeken en gezien als arbeid voor ongeschoolde mensen. Ik durfde daarom de weefspoel eerst niet ter hand te nemen. Pas toen ik eenmaal in Nederland studeerde en op de academie in Den Haag de textielwerkplaats zag ben ik begonnen met weven. En ik ben er sindsdien niet meer mee opgehouden."

Behalve artistiek verantwoordelijk, is hij ook de producent van zijn eigen werk. In de computerprogramma's die hij voor zijn weefsels schrijft, vertaalt hij traditionele Maleisische weeftechnieken voor de instellingen van westerse machines. Dit geeft hem een intieme kennis en vertrouwdheid met het proces. Intussen kwam hij er achter dat textiel ook in dit deel van de wereld nog aan reputatie heeft te winnen. Hij beschouwt zichzelf dan ook als bevlogen ambassadeur voor het ambacht.

In navolging van de traditie op Borneo om verhalen in textiel over te leveren, verbeeldt hij in zijn gelaagde doeken de complexiteit van zijn eigen belevingswereld. Culturele, (post) koloniale, maar ook universele intergenerationele issues vormen belangrijke thema's. "Met mijn werk wil ik de volgende generaties een gevoel van trots op hun tradities bezorgen. En ik wil onzichtbare structuren en problemen van het postkoloniale systeem zichtbaar en begrijpelijk maken, zodat we als land verder kunnen."

If one person's name was on everyone's lips this past year, then it was that of Marcos Kueh. While having only graduated in 2022, he quickly notched up many successes in not only the design world, but also in the art world and in the world of craft. Does he consider himself a designer, a craftsman, or in fact, more of an artist?

"People are often keen to pigeon-hole me, but I think I'm precisely on the interface between different disciplines. I started out studying graphic design, but was truly fascinated by the visual culture in my motherland, which is closely linked to textiles. That's why I wanted to find out more about the local craftwork techniques of my birthplace. But in Malaysia, this sort of handiwork carries a great stigma. It is looked down upon, and seen as work for the unschooled. So, at first, I shied away from picking up the shuttle. It's only once I was studying in the Netherlands and set eyes on the textile workshop at the academy in The Hague that I started weaving. And I haven't stopped since."

In addition to being responsible for the artistic side of things, Marcos also produces his own work. In the computer programmes that he writes for his creations, he translates traditional Malaysian weaving techniques into a language that can be understood by Western machines. This provides him with intimate knowledge and a familiarity with the process. Meanwhile, Marcos discovered that the reputation of textiles also has a way to go in this part of the world. He therefore considers himself a passionate ambassador for the craft.

Following in the Bornean tradition of passing on stories in textiles, Marcos depicts the complexity of his personal experiences in his layered works. Cultural and (post)colonial, but also universal intergenerational issues are significant themes. "Through my work, I would like to give the next generations a sense of pride in their traditions. And I would like to make the invisible structures and problems of the postcolonial system visible, so that we can move forward as a country."

Photography: Patty van den Elshout

Jury Dutch Design Awards 2023:

"Using solid craftsmanship and overwhelming aesthetics, Marcos Kueh illustrates the importance of modern myths as an antidote to colonial narratives."

↳ Read more on page 108

Jury Lichting 2023:

"Yousra's narrative deeply moved us, shedding light on important socio-political issues, particularly those centring around freedom, acceptance and inclusivity."

↳ Read more on page 109

Jury BAD Awards 2023:

“ExoGarden responds to the urgency of climate change while upholding a hopeful vision of humans and non-humans living together in a communal framework.”

↳ Read more on page 109

ExoGarden

Schoenenkwartier Museum

Jury Frame Awards 2023:

“This project weaves history, space, and material innovation together in a very sophisticated way.”

↳ Read more on page 109

Le Bleu
↳ Page 100

Design: Random Studio
Commission: Jacquemus
Award: Frame Award 2023
Category: Pop-up Store
Additional awards: D&AD Awards 2023
Photography: Jasper Fry
for Random Studio
random.studio

Water is het dominante thema van de pop-up winkels in het warenhuis Selfridges in London, speciaal ontworpen voor de nieuwe collectie Le Bleu van fashionlabel Jacquemus. In een blauwe badkamersetting, met een mega tube tandpasta in de etalage en een giga paracetamol dobberend in een glas water, schitteren de nieuwste tassen in een badkuip. De bezoeker activeert digitale druppels in de doucheruimte vanaf een zitmeubel gemodelleerd naar een schuurspons. Op een tweede locatie waan je je in de kleedhokjes van een zwembad. Ondersteund door de 'trompe-nez' Sunscreen, een van de speciaal ontworpen geuren, leveren theatrale elementen een verrassende ervaring. Het ontwerp refereert aan Jacques Tati die in zijn films de absurditeit van het moderne leven becommentarieert. Een buitenterras biedt plek aan de verkoopautomaat waarmee het merk eerder tijdens de Salone in Milaan furore maakte.

Water is the dominant theme in the pop-up stores at Selfridges department store in London, specially designed for the new Le Bleu collection by the fashion label Jacquemus. In a blue bathroom setting, with a huge tube of toothpaste in the shop window and a massive paracetamol pill bobbing in a glass of water, the latest bags dazzle as they 'float' in a bathtub. Visitors activate digital droplets in the shower area from their seat, which is modelled on a sponge. At a second location, you are transported to swimming pool changing cubicles. Supported by 'trompe-nez' Sunscreen, one of the specially designed fragrances, theatrical elements make for a surprising experience. The design references Jacques Tati, who in his films, criticises the absurdity of modern life. An outdoor terrace houses the vending machine, with which the brand previously made a splash at the Salone in Milan.

Modem Research Papers
↳ Page 101

Design concept: Modem
Industrial design: Maxime Le Grelle
Award: Dutch Design Award 2023
Category: Communication
Photography: Charlie Dixon
modemworks.com

Modem houdt het midden tussen een denktank en een ontwerpbureau. Hun werk zou je kunnen zien als een hyperintelligente vorm van trendwatching nieuwe stijl. Naast het ontwerpwerk dat ze in opdracht van uiteenlopende high end bedrijven doen, ontwikkelt en publiceert het bureau aansprekende papers over de betekenis van de nieuwste technologische ontwikkelingen. Dit gebeurt met een kwalitatief hoogstaand, breed internationaal netwerk van wetenschappers, ontwerpers en kunstenaars. Door deze Research Papers via de website te delen, draagt Modem bij aan kennisontwikkeling en stimuleert het debat over de gevolgen die technologie op ons leven heeft, nu en in de toekomst. Ondanks de soms abstracte en taaie materie weet het bureau het onderwerp voor een breed publiek toegankelijk en aantrekkelijk te maken. Hiermee zijn de papers een perfect visitekaartje waarmee Modem zich een meester in communicatie toont.

Modem occupies the interface between think tank and design agency. Their work could be defined as a hyperintelligent form of trendwatching, new style. In addition to the design commissions from a range of high-end companies, the agency develops and publishes engaging papers exploring the significance of the latest technological developments. These papers are produced in collaboration with a high-quality, extensive international network of scientists, designers and artists. By sharing the research papers on their website, Modem helps develop knowledge and initiate a debate of the impact of such technology on our lives, both now and in the future. Despite the sometimes abstract and complicated subject matter, the agency successfully makes it accessible and appealing to a wide audience. The papers are therefore a calling card for Modem, showing their mastery of communication.

Marcos Kueh
↳ Page 103

Design: Marcos Kueh
Award: Dutch Design Award 2023
Category: Young Designer
Additional awards: Ron Mandos Young Blood Award 2022
Photography: Marcos Kueh
instagram.com/marcoslah

In zijn 'textiele posters' brengt Marcos Kueh elementen uit de visuele cultuur van zijn vaderland Maleisië samen met motieven uit de westerse beeldcultuur. Het is zijn vertaling van de wijze waarop in Zuidoost-Azië verhalen van oudsher in textiel werden gedocumenteerd en doorgegeven. Hij combineert weeftechnieken die hij bij een lokale Maleisische weverij leerde met westerse industriële technieken. Kueh voelt zich een pleitbezorger voor deze techniek die, zeker in zijn land van herkomst, nog aan waardering kan winnen. De centrale vraag die hij wil adresseren is hoe een land als Maleisië om moet gaan met zijn koloniale verleden. Met zijn imposante kleurrijke en gelaagde werken maakte hij binnen korte tijd grote indruk, zowel in de wereld van design en craft als die van de beeldende kunst.

In his 'textile posters', Marcos Kueh blends elements from the visual culture of Malaysia – his motherland – and motifs from Western visual culture. They are his interpretation of how, in Southeast Asia, textiles are traditionally used to document and pass on stories. Kueh combines weaving techniques that he learned at a weaving mill in Malaysia with Western industrial techniques. He champions this technique, which – particularly in his native country – is underappreciated. The primary question that he wants to address is how a country like Malaysia should deal with its colonial past. With his imposing, colourful and layered works, Kueh has rapidly gained a name for himself, both in the world of design and craft, and in that of the visual arts.

K*TMAROKKAAN

↳ Page 104

Design: Yousra Razine Mahrah
Award: Lichting 2023
Photography: Team Peter Stigter
instagram.com/yousrarazinemahrah

In haar collectie K*TMAROKKAAN combineert Mahrah op innovatieve manier de uiteenlopende en soms tegengestelde culturen en ervaringen die zij in zich verenigt. Met het gebruik van geitenleer refereert ze aan toepassingen uit de Berbercultuur. Het stugge materiaal combineert ze met handgeborduurde en verfijnde lingerie. De moeite die het kost om de twee zo verschillende materialen mooi bij elkaar te krijgen is een passende illustratie van het proces dat ze ervaart als Marokkaanse Nederlander. Het verbeeldt de essentie van haar collectie. Opgegroeid in een gezin dat hecht aan traditionele waarden heeft ze ook te maken met groepen in de maatschappij die haar maar al te graag in een hokje willen stoppen. In deze grensverleggende collectie neem ze ons mee in haar zoektocht naar individuele vrijheid en haar persoonlijke stem.

In her collection K*TMAROKKAAN, Yousra innovatively combines the diverse and sometimes opposing cultures and experiences that are united within her. She uses goat leather to reference the Berber culture, combining the stiff material with hand-embroidered, refined lingerie. The great effort required to beautifully bring the two so very different materials together is a fitting illustration of her experiences as a Dutch Moroccan. This illustrates the essence of her collection. Yousra grew up in a family that was strong on traditional values, and also had to contend with groups that were all too keen to pigeon-hole her. In this pioneering collection, we join the designer on her quest to find individual freedom and her personal voice.

ExoGarden

↳ Page 105

Design: Anna Vershinina & Wieger Wamelink
Award: Bio Art & Design Award 2023
Image: Anna Vershinina
annavershinina.net

Prototype van een innovatief architectonisch model dat met behulp van 3D geprinte modules in korte tijd onderdak en voedselproductie mogelijk maakt. ExoGarden is een plan van architect Anna Vershinina, promovendus in regeneratieve architectuur en biodesign en Wieger Wamelink, ecoloog en ruimtelandbouwer aan de universiteit in Wageningen. Het ontwerp is een reactie op de negatieve klimaatbelasting van hedendaagse architectuur, die veertig procent van de totale koolstofuitstoot veroorzaakt. In het plan is recent onderzoek naar de productie van voedsel in de ruimte verwerkt. Het heeft de potentie om de sociale cohesie in barre omgevingen te versterken en biedt nieuwe modellen voor bewoning in uitdagende omstandigheden.

ExoGarden is an innovative architectural prototype that uses 3D printed modules to quickly facilitate shelter and food production. The project is the brainchild of architect Anna Vershinina (PhD candidate in Regenerative Architecture and Biodesign) and Wieger Wamelink (Ecologist and 'Space Farmer' at Wageningen University & Research). The design is a response to the negative environmental impact of contemporary architecture, which is responsible for forty per cent of total carbon emissions. The plan incorporates recent research in space food production. It has the potential to enhance social cohesion in severe environments, and set new paradigms for habitation in challenging conditions.

Schoenenkwartier Museum

↳ Page 107

Design: Civic Architects & la-di-da design & architecture
Commission: Municipality of Waalwijk
Award: Frame Award 2023
Category: Best Use of Material
Additional awards: Architectenweb Awards 2022 / Publiek Gebouw van het Jaar
Photography: Marije Kuiper
civicarchitects.eu, la-di-da.nl

Civic Architects ontwierp voor het Schoenenkwartier een nieuw museum en uitgebreid kenniscentrum, dat ook ruimte biedt voor ontwerp en prototyping. In lijn met het inhoudelijke programma van het Schoenenkwartier was in het gebouw en in het interieur veel aandacht voor circulair ontwerp. Civic vroeg het ontwerpbureau la-di-da om een keramische wand te ontwikkelen voor het entreegebied. La-di-da ontwierp een serie verschillende bijzondere driehoekige en driedimensionale keramische tegels, geproduceerd door de sociale werkplaats voor keramiek Cor Unum. REGLAZE klei, gemaakt van afvalglazuur, was tot nog toe alleen in servies toepast en werd hier voor het eerst op grotere schaal architectonisch ingezet. De keramische werkplaatsen uit de regio konden er al hun afval in kwijt.

For the Shoe Quarter, Civic Architects designed a new museum and large knowledge institute, which also offers space for design and prototyping. In keeping with the Shoe Quarter's substantive programme, circular design was a particular focus for the building and the interior. Offices that no longer satisfied current requirements were opened up and repurposed as museum spaces. Civic asked the design agency la-di-da to develop a ceramic wall for the entrance area. La-di-da designed a series of unique triangular and three-dimensional ceramic tiles, produced by the social workshop for ceramics Cor Unum. Up until then, REGLAZE, clay crafted from waste glaze, had only been used in tableware, and this was the first time that it had been used in a large architectural application. This innovative step also meant that local ceramic workshops could give new life to their waste glaze.

Bosk

Jury Dutch Design Awards 2023:

"Bosk demonstrates how our world could look better on many levels, and gets people moving; when the forest moves on, it is missed."

↳ Read more on page 118

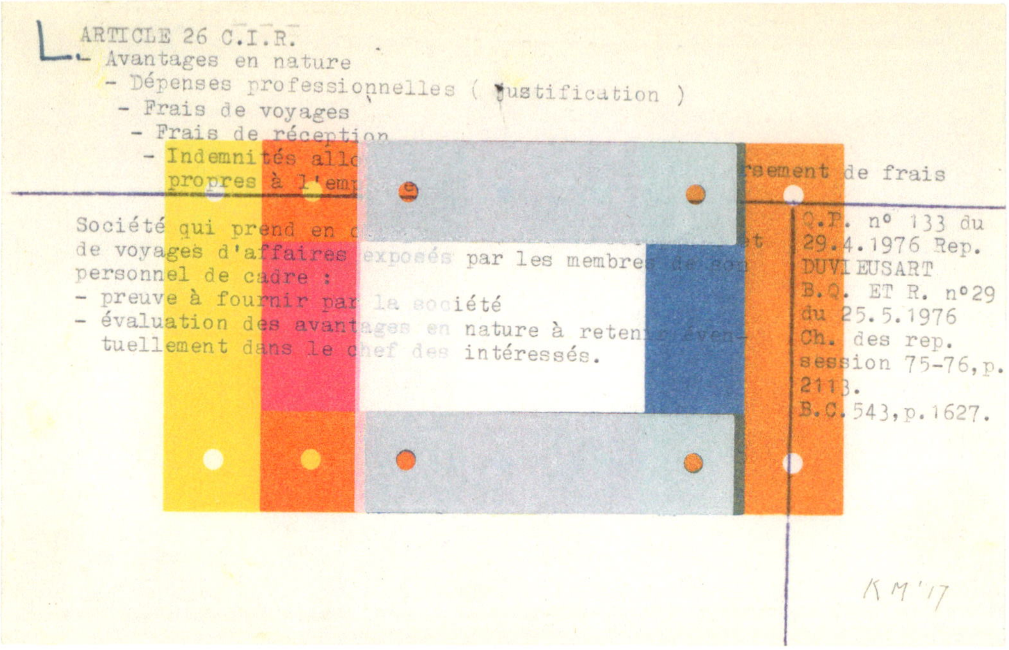

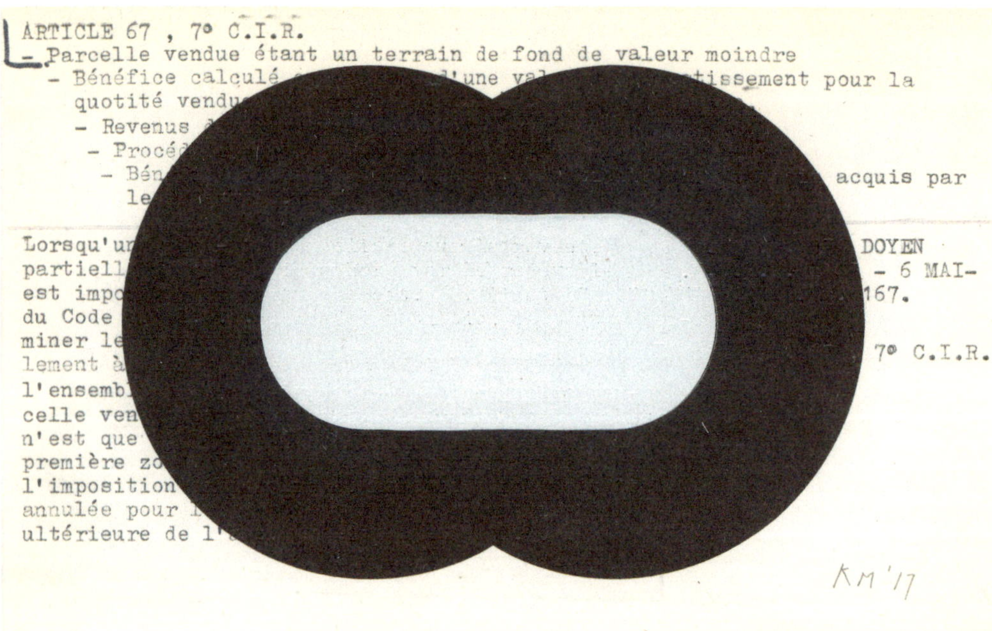

Jury BNO Piet Zwart Award:

"Karel Martens has made an extraordinary contribution to the significance and prestige of the field of graphic design."

↳ Read more on page 118

Jury Dutch Design Awards 2023:

"With De Zachte Stad, Rotterdam shows that the circular city is not an empty ambition for them, in a valuable collaboration with super researcher Christien Meindertsma."

↳ Read more on page 118

Een kleine geschiedenis van de mens door dierenogen

Djenné Fila

Eén grote droom had Djenné Fila als student illustratie aan St. Joost: een kinderboek maken. En dat lukte nog ook! Maar het even zoeken voordat ze de juiste balans in haar praktijk had gevonden. "De periode dat ik alleen maar boeken maakte vond ik te zwaar. Ik word heel gelukkig van de afwisseling tussen langere projecten en korter lopende opdrachten bijvoorbeeld voor een cover- of campagnebeeld." De Gouden Penseel sterkt haar in de gekozen strategie om zich te beperken tot boekprojecten die echt bij haar passen.

"Uitgeverij Lannoo brengt eens per jaar een groot formaat boek uit, waarin illustratie een belangrijke rol speelt. Het perspectief om de geschiedenis te vertellen vanuit dierenogen vond ik heel sterk gevonden. Het was meteen spannend om na te denken over hoe dat er uit zou kunnen zien. Ik wilde geen zoutloze illustraties maken die je weleens in non-fictie boeken ziet, en meer doen dan het realistisch afbeelden van dierenportretten. Met poëtische beelden wilde ik de verschillende geschiedenissen en de complexe onderwerpen in het boek vangen en zo bij kijker en lezer emotie toevoegen en vragen oproepen.

Ik start met mijn onderzoek naar de kleuren en texturen die bij de tekst passen. Voor het verhaal over de ontzettend zware tragiek van de genocides in Rwanda, maakte ik een donkere pagina waarin de berggorilla, die we zien als een agressief en gevaarlijk dier, zijn ogen sluit voor het geweld dat mensen elkaar aandoen. Om de lezer dicht bij de dierenhuiden te brengen kraste ik met een etsnaald in foamplaatjes. Met een paletmes streek ik vervolgens zwarte verf over het scherp krasserige papier. Uit dat materiaal bouwde ik de gorilla op. Toen ik dat beeld eenmaal had gemaakt voelde ik dat dit de manier was om mijn stem aan het boek toe te voegen.

Dit boek klopt bij mij als maker. Het behandelt de thematiek en de onderwerpen waarvoor ik een fascinatie heb en waarmee ik als beeldmaker iets kan. Doordat ik echt uit kon pakken met zo'n groot non-fictie boek waarin toch emotie en verbeelding mocht zitten, kon ik sterk illustreren. Dit is het meest uitdagende project dat ik tot nog toe heb gedaan."

While studying illustration at St. Joost, Djenné Fila had one big dream: to make a children's book. And that dream came true! But it took her awhile to find the right balance in her practice. "I found the period when I was only making books rather hard. Alternating between longer projects and shorter assignments, like a book cover or campaign image, makes me very happy." De Gouden Penseel award reinforces her strategy to restrict herself to only working on the book projects that suit her best.

"Once a year, Dutch publisher Lannoo produces a large-format book in which illustration plays a prominent role. I thought the perspective of explaining history through the eyes of animals was very strong and I immediately got excited thinking about what it might look like. I didn't want to make the bland illustrations you sometimes see in non-fiction books, and I also wanted to go beyond creating realistic portrayals of animals. I wanted to capture the various histories and complex topics in the book with poetic images that could enhance the emotion as well as raise questions for viewers and readers.

I started by investigating which textures and colours would fit with the text. For the story about the incredibly serious tragedy of the Rwandan genocides, I created a dark-coloured page where a mountain gorilla, which is normally seen as an aggressive, dangerous animal, closes its eyes to the violence that the people inflict on each other. To bring readers closer to the animal's hide, I scratched foam boards with an etching needle and then used a palette knife to spread black paint across the deeply scratched paper. I used those materials to construct the gorilla. Once I created that image, I knew this was the way I could add my own voice to the book.

This book resonates with me as a maker. It deals with themes and topics that fascinate me, and that I can do something with as an image creator. Because I could really go all out with this large non-fiction book that still contained emotion and imagination, I was able to deliver strong illustrations. It's the most challenging project I've done so far."

Photography: Danu Caris

Jury Gouden Penseel 2023:

"In this book, the illustrations take on a synergistic relationship with the text. They not only radiate artistic merit but also introduce innovation, adding value when combined with the text."

↳ Read more on page 119

Jury D&AD Awards:

"Audi and Sabine Marcelis developed a custom designed charging pole that perfectly fits into the city and makes a space for the brand in the urban environment."

↳ Read more on page 119

Charging Pole

Jury Monocle Design Awards 2023:

"In a world that relies on the internet, flicking through a beautifully designed book can offer more than definitions; it's a beautiful reading experience too."

↳ Read more on page 119

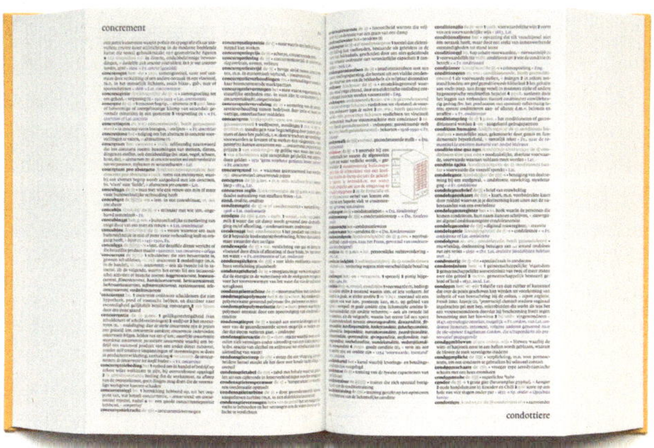

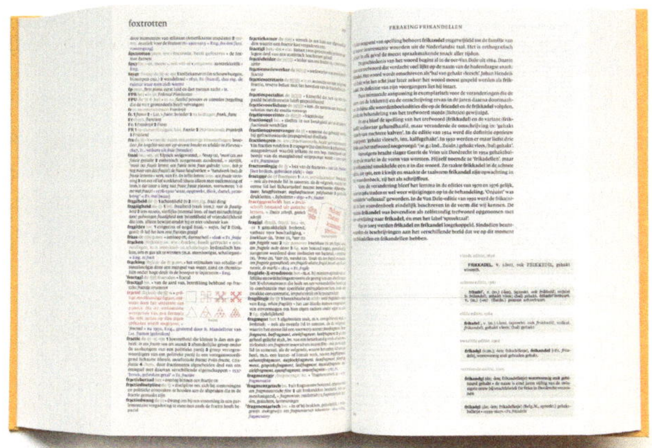

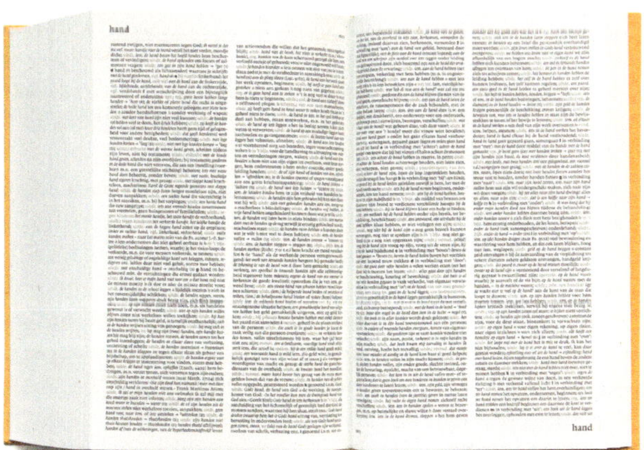

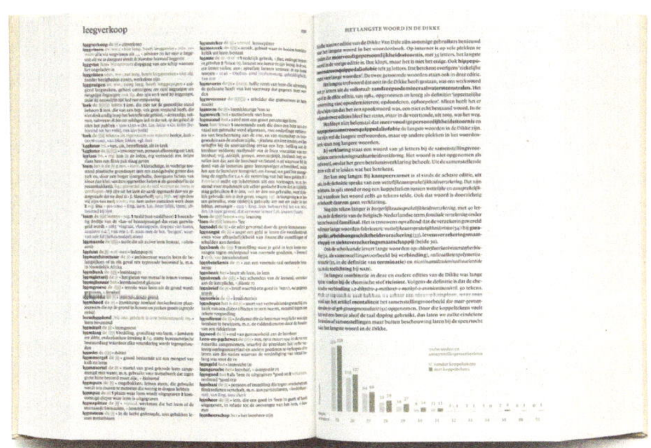

Bosk

↳ Page 111

Design: Arcadia x City of Leeuwarden
Commission: Arcadia x City of Leeuwarden
Award: Dutch Design Award 2023
Category: Habitat
Additional awards: Dutch Design Award 2023 / Publieksprijs
Photography: Richard Winkelmeijer
arcadia.frl

Er is een groeiende aandacht voor de belangen van de natuur. Met Bosk bedacht Bruno Doedens een bijzonder, natuurinclusief protestproject waarin ruim duizend bomen honderd dagen door de binnenstad van Leeuwarden 'wandelden'. Doordat vele vrijwilligers ze telkens naar een andere locatie verplaatsten vormden ze tijdelijke groene oases. Het publiek was al doende participant in dit complexe, maar vrolijk stemmende project. Het maakte het pleidooi voor meer groen en biodiversiteit in de stad op een oorspronkelijke manier invoelbaar. Omdat de gemeente Leeuwarden van tevoren toezegde om de bomen en de vele zaailingen een vaste bestemming te geven, blijft het niet bij wensdenken. Terecht vraagt de jury zich af welke stad Bosk nu zal bezoeken.

Nowadays, there's a sustained and growing focus on the importance of nature and its needs. With Bosk, Bruno Doedens conceived a unique, nature inclusive protest project in which more than a thousand trees 'walked' through Leeuwarden city centre for one hundred days. An army of volunteers constantly relocated the trees, so that they formed temporary green oases. In doing so, the public became an integral part of this complex and uplifting project. It was an innovative approach to highlighting the need for more green and biodiversity in the city. The City of Leeuwarden committed in advance to giving the trees and many seedlings a permanent home, turning the project into a concrete reality rather than mere wishful thinking. The jury understandably wonders which city 'Bosk' will visit next.

Karel Martens

↳ Page 112

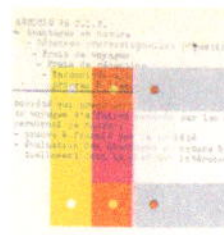

Award: BNO Piet Zwart Prijs 2023
Additional awards: Gerrit Noordzij-prijs 2012, Dr. A.H. Heinekenprijs 1996, H.N. Werkmanprijs 1993
Images: Karel Martens
martens-martens.com

Karel Martens (1939) is sinds 1960 werkzaam als grafisch ontwerper. Hij ontwikkelde een herkenbare persoonlijke beeldtaal waarbij vorm, kleur en cijfer- en lettervormen op een grid telkens wederkerende ingrediënten zijn. Wars van hiërarchie benadert hij een opdracht voor affiches of postzegels met evenveel aandacht als een grafisch programma voor een gevelwand of telefoonkaart. Voor OASE, het architectuurtijdschrift dat hij sinds 1990 ontwerpt, werkte hij veelvuldig samen met (oud)studenten van de Werkplaats Typografie, de postacademische opleiding die hij in Arnhem oprichtte. Daar en aan andere academies waaraan hij was verbonden, deelde hij veel van zijn kennis en experimenteerlust. Ook zijn karakteristieke kritische houding ten aanzien van instituten en vastgeroeste ideeën in het grafische vak gaf hij zo door aan jongere generaties.

Karel Martens (1939) started working as a graphic designer in 1960. He developed a distinct, personal visual language in which form, colour, numbers and letters on a grid are recurring ingredients. Averse to hierarchy, he worked on commissions for posters or stamps with the same zeal as for a design for a façade of a building or a phone card. For OASE, the architecture magazine that he has been designing since 1990, he often works with (former) students from the 'Werkplaats Typografie', the Master's programme that he founded in Arnhem. Through his active involvement in professional art education, Karel Martens has been able to share his knowledge, experience and critical view of the profession with new generations of designers.

De Zachte Stad

↳ Page 113

Design: Christien Meindertsma
Commission: Rotterdam Circulair
Award: Dutch Design Award 2023
Category: Best Commissioning
Photography: Mathijs Labadie
christienmeindertsma.com

De wol van de 2500 schapen die het gras in Rotterdam bijhouden werd als waardeloos beschouwd. Toen schaapsherder Martin Oosthoek zijn verbazing hierover met hen deelde, pakte Rotterdam Circulair dit grootschalig op. Ze nodigden Christien Meindertsma uit voor een onderzoek naar de kwaliteit en toepasbaarheid van het materiaal. De ontwerper kwam tot verrassende resultaten, want de kwaliteit van wol leent zich voor veel meer toepassingen dan aanvankelijk gedacht: naast dekens, truien en mutsen bleek het bijvoorbeeld ook geschikt voor toepassingen in geluidsisolatie en muziekinstrumenten. Door haar de ruimte te geven in het onderzoek maakte de gemeente optimaal gebruik van de kwaliteiten van de ontwerper. Het project fungeert als startpunt voor gesprekken over circulariteit en helpt om de waarde van spullen en materialen te onderstrepen.

The wool of the 2,500 sheep that graze on the Rotterdam grass was considered worthless. When shepherd Martin Oosthoek told Rotterdam Circulair how surprised he was about this, they threw themselves into the cause. Rotterdam Circulair invited Christien Meindertsma to explore the quality of the wool, and its potential applications. The designer came back with remarkable results, as the wool turned out to be suitable for many more applications than originally thought: in addition to blankets, sweaters and hats, it also proved to be suitable for use in sound insulation and musical instruments. By allowing Meindertsma the freedom to pursue her own research approach, the municipality was able to harness the full creative potential of the designer. The project helps to get people talking about circularity and emphasises the value of things and materials.

Een kleine geschiedenis van de mens door dierenogen

↳ Page 115

Design: Djenné Fila
Commission: Lannoo
Award: Gouden Penseel
Illustration: Djenné Fila
djenne.com

Dit boek neemt je in 29 verhalen mee langs een reis door de tijd, gezien vanuit de ogen van dieren. Voor haar gelaagde, poëtische illustraties deed Djenné Fila uitgebreid onderzoek naar kleuren en materialen. Ze ontwikkelde technieken door traditionele materialen anders te behandelen of verfsoorten op nieuwe manieren te combineren of toe te passen. Door bijvoorbeeld een satéprikker in alcoholinkt te dopen en daarmee vervolgens op een vel papier te tikken, ontstond uit al die kleine stipjes een structuur waarmee ze de schubben van een slangenhuid kon verbeelden. Met haar emotioneel geladen illustraties geeft ze commentaar op de geschreven geschiedenis. De vrijheid die ze in de opdracht ervoer gaf haar de ruimte om een eigen draai aan de illustraties te geven en de tekst optimaal te verrijken.

This book takes you on a journey through time in 29 stories, as seen through the eyes of animals. For her layered, poetic illustrations, Djenné Fila extensively researched colours and materials. It led her to develop new techniques by treating traditional materials in different ways or finding new ways to combine or apply different types of paint. By dipping a skewer in alcohol ink and then tapping it on a piece of paper, for example, she created a pattern of small dots that could represent the scales on snakeskin. With her emotionally charged illustrations, she offers commentary on written history. The freedom that she experienced with this assignment gave her the space to put her own spin on the illustrations and optimally enrich the text.

Charging Pole

↳ Page 116

Design: DEPT® x Sabine Marcelis
Commission: Audi
Award: D&AD Award 2023 / Wood Pencil
Category: Product Design / Promotional
deptagency.com
sabinemarcelis.com

Als het goed is zijn we tegen 2030 allemaal aan de hybride of elektrische auto. Om dit te faciliteren zijn nog heel veel extra laadpalen nodig. In Amsterdam, dat vooroploopt in deze transitie, gaat het om een paal per 21 meter. DEPT ontwikkelde voor Audi een lokale campagne om design en duurzaamheid als de twee belangrijke pijlers van het automerk uit te dragen. Sabine Marcelis ontwierp voor de campagne een Amsterdamse laadpaal voor de toekomst. De esthetische laadpaal voorzag ze van zonnepanelen en Andreaskruizen. Het voor Marcelis zo kenmerkende spiegelende oppervlak weerkaatst de stedelijke omgeving. De vorm van de laadpaal is een echo van de palen waarop Amsterdam is gebouwd en ook het zand dat in de 3D-printtechniek is gebruikt verwijst naar de bodem van de hoofdstad.

If all goes as planned, a lot more of us will be driving a hybrid or electric car by 2030. And that means plenty more charging poles will be needed. In Amsterdam, a city leading the way in this transition, it equates to one charging pole every 21 metres. DEPT developed a local campaign for Audi to propagate design and sustainability as the car manufacturer's two key mainstays. For this campaign, Sabine Marcelis designed an Amsterdam charging pole for the future: an aesthetic variant with solar panels and Saint Andrew's Crosses. The shiny surfaces, so characteristic of Marcelis' work, reflect the urban environment. The shape of the charging pole echoes the piles upon which Amsterdam is built, and the sand used in the 3D printing technique is also a reference to the city's foundations.

De Dikke Van Dale

↳ Page 117

Design: Studio Joost Grootens
Commission: Van Dale Uitgevers
Award: Monocle Design Awards 2023
Category: Leading editorial Design
Photography: Ernie Buts, Iris Koopmans
joostgrootens.nl

Studio Joost Grootens maakte van de jubileumeditie van dit monument voor de Nederlandse taal een aantrekkelijke, gedetailleerd vormgegeven uitgave. Het driedelige naslagwerk is ondanks de 5252 pagina's en 254.000 trefwoorden opvallend toegankelijk. Dat komt onder meer door de ruime witmarges, de drie steunkleuren en de heldere illustraties. De uitstekend leesbare Lexicon, de schreefletter die Bram de Does in 1992 speciaal voor de Van Dale ontwierp, draagt hier beslist ook aan bij. Ieder deel kreeg een eigen kleur, een breuk met de vijftien eerder verschenen edities. Voor het eerst is ook de sierlijke typografie en prominente plaatsing van het beeldmerk losgelaten. Door de titel per deel op een andere plek te starten, levendig verspringend van de rug naar de achterzijde, tonen de ruggen van drie banden samen de gehele titel.

For the anniversary edition of this cornerstone of the Dutch language, Studio Joost Grootens produced an attractive, meticulously designed publication. Despite the 5,252 pages and 254,000 entries, the three-part reference book is strikingly accessible. The generous white margins, the three supporting colours and the clear illustrations certainly all help in this regard, as does 'Lexicon', the pre-eminently readable font that Bram de Does designed especially for Van Dale in 1992. Each part of this edition has a different colour, a change to the previous fifteen editions. This is also the first time that the publication departs from the decorative typography and prominent position of the logo. By starting the title at a different place on each part, springing animatedly from the spine to the back, the spines of the three volumes together show the full title.

Jury European Design Awards 2023:

"The vibrant brochure shows that even printed material, often considered static, can be brought to life."

↳ Read more on page 128

Sikkens Prize 2022 for Piet Oudolf

Jury European Carton Excellence Awards 2023:

“The result is a unique and conversation-starting pack that demonstrate packaging engineering excellence.”

↳ Read more on page 128

Oedipus Mannenliefde Clip Multipack

Jury Designprijs Noord-Brabant 2023:

"In Manon van Hoeckel's world, everything is about connection. Not as an empty catch-all term, but as a profound philosophy of life and inspiration. It is precisely this sense of responsibility that she feels for her fellow human beings that makes her social design so distinctive and powerful."

↳ Read more on page 128

Manon van Hoeckel

Studio Dumbar/DEPT®

Liza Enebeis, Studio Dumbar/DEPT®

Studio Dumbar/DEPT® werd dit jaar uitgeroepen tot ontwerpbureau van het jaar, met vijf winnende projecten. "Een mooie erkenning voor ons harde werk, niet alleen in het afgelopen jaar, maar door de jaren heen. Én een erkenning voor de goede samenwerking met onze klanten," zegt partner en creatief directeur Liza Enebeis. "Wij geloven in de drie-eenheid puur, simpel en krachtig. Strategisch en creatief proberen we altijd tot de essentie van een merk door te dringen; we brengen dat merk vervolgens tot leven met een ontwerp dat in de basis eenvoudig is. Als dit lukt, is de visuele identiteit per definitie krachtig en stijgt ze uit boven trends in mode en smaak. We communiceren heel duidelijk over design en komen zonder allerlei omwegen direct ter zake. Heel Nederlands, denk ik. Deze houding zie je ook terug in onze projecten.

Mede door de fusie met DEPT® zijn beweging en geluid de eerste twee componenten van waaruit we een identiteit definiëren. Dat heeft alles te maken met het digitale medium waarin we werken. Vroeger waren individuele ontwerpers in de studio prima in staat om aan de hele vraag van een opdrachtgever te voldoen. Onze huidige manier van werken vereist veel verschillende specialisten; een motion designer, een visual designer, een coder en een sound designer reageren nu samen op het probleem.

Wij hebben het werken met jong talent altijd gekoesterd en dat zullen we blijven doen. We zijn ook altijd op zoek naar mensen met verschillende gezichtspunten en ervaringen omdat onderlinge verschillen ons inspireren en helpen om dingen anders te zien. Daarom hebben we een internationaal team.

Van de projecten die een EDA wonnen, was de opdracht voor North Sea Jazz het meest uitdagend. Vanwege de reputatie en geschiedenis als het grootste indoor jazzfestival ter wereld, maar ook omdat grafische jazz een enorme geschiedenis heeft; wie kent de Blue Note platenhoezen niet? Improvisatie is een sleutelwoord in de jazz. Daarbij gaat het erom de randvoorwaarden te begrijpen en hiermee te spelen, net als in design. Dat werd dus ons uitgangspunt; een ontwerp dat voor elke situatie kon worden aangepast maar toch heel herkenbaar bleef als North Sea Jazz."

Studio Dumbar/DEPT® has been awarded this year's Agency of the Year award, after notching up five winning projects. "This is fine recognition of our hard work, not only in the past year, but over the years. And recognition of the fruitful collaborations with our clients", says Partner and Creative Director Liza Enebeis. "We believe in the trinity of pure, simple and powerful. In both a strategic and creative sense, we always try to probe the essence of a brand; we subsequently bring the brand to life with a design that is fundamentally simple. If we are able to do this, the visual identity is powerful by definition, and will transcend trends in fashion and taste. We are very clear in our communications regarding design, and get straight to the point; no beating about the bush. Very Dutch, I think. This attitude is also reflected in our projects.

In part due to the merger with DEPT®, motion and audio are the first two components that we use to define an identity. That all comes down to the digital medium in which we work.

Individual designers in the agency certainly use to be capable of dealing with everything that a client required. For our current way of working, we need lots of specialists; a motion designer, a visual designer, a coder and a sound designer now all collaborate on a project.

We have always set great store by working with young talent. And we always will. We are also constantly on the lookout for people with different perspectives and experiences, because mutual differences inspire us and help us to see things differently. That's why we have an international team.

Of the projects that won an EDA, the commission for North Sea Jazz was the most challenging. Due to its reputation and history – as the world's largest indoor jazz festival – but also because graphical jazz has a long history; who hasn't heard of the Blue Note album covers? Improvisation is key to jazz. And it's about understanding the preconditions, and playing with them, just like in design. So that is where we started; a design that could be adapted to every situation while remaining very recognisably North Sea Jazz."

Photography: Aad Hoogendoorn

Jury European Design Awards 2023:

"Amidst tough competition, Studio Dumbar/DEPT® distinguished itself through their creative brilliance, firmly setting a high standard for design excellence."

↳ Read more on page 129

Jury Dutch Design Awards 2023:

"The Waterworks of our Money clearly maps out how our monetary system really works, in Carlijn Kingma's signature, virtuoso drawing style."

↳ Read more on page 129

The Waterworks of our Money

Jury Dutch Design Awards 2023:

"Super Local has designed a complete project in From the Himalayas, with its signature approach based on social context and process."

↳ Read more on page 129

Sikkens Prize 2022 for Piet Oudolf

↳ Page 120

Design: Thijs Verbeek
Commission: Sikkens Foundation
Award: European Design Awards 2023 / Gold
Category: Brochure
Photography: Marco Sweering
thijsverbeek.nl

Voor landschapsarchitect Piet Oudolf is een plant in alle verschillende fases interessant. In zijn werk combineert hij graag felgekleurde planten met planten die een minder opzichtige kleur hebben. Voor de publicatie van de huldigingsrede bij de uitreiking van de Sikkens Prize aan Oudolf, vond Thijs Verbeek een toepasselijke poëtische vorm. Hij bracht in de groen en bruin gekleurde pagina's van de publicatie laserperforaties aan. Hoe verder je doorbladert, hoe meer het er worden. Het doet denken aan de manier waarop bladeren in de natuur vergaan. Omdat de pagina's ook aan de bovenzijde zijn gevouwen, ontstaan tijdens het bladeren telkens nieuwe formaties van kleur en schaduw. Net zoals het veranderend licht de kleuren in Oudolfs tuinen telkens op een andere manier laat ervaren.

Dutch landscape architect Piet Oudolf is intrigued by plants in all of their different phases. In his work, he enjoys combining brightly-coloured plants with those of muted colours. For the publication celebrating the presentation of the Sikkens Prize to Oudolf, Thijs Verbeek found a fitting poetic form. He used laser perforation on the green and brown coloured pages of the publication. The further that you browse through the book, the more perforations you come across: it is reminiscent of how leaves decompose in nature. The tops of the pages are also folded, so new formations of colour and shadow are created during browsing. Just like the changing light offers a dynamic experience of the colours in Oudolf's renowned gardens.

Oedipus Mannenliefde Clip Multipack

↳ Page 121

Design: Josien Maartense
Commission: Oedipus
Award: European Carton Excellence Awards 2023 / Platinum
Photography: Graphic Packaging International
graphicpkg.com

Deze verpakking maakt het mogelijk om vier flesjes tegelijk te dragen, zonder daarbij plastic ringen of krimpfolie nodig te hebben. De slimme clip-style verpakking die de kroonkurken van de flessen omsluit is stevig genoeg om zelfs een ritje op de fiets goed te doorstaan. Gemaakt van virgin fibre karton laat de verpakking zich goed recyclen. Het grafisch ontwerp sluit aan bij de vormgeving en identiteit van het bier. Daarin neemt het Amsterdamse merk het dominante imago op de hak van de stoere bierdrinker en de verbindende rol die het drinken van bier in mannenvriendschappen zou hebben. De bengelende flesjes in de roze huidkleurige verpakking mét het kenmerkende in borsthaar uitgespaard hartje onderstrepen deze tegendraadse strategie.

This packaging allows you to carry four bottles at the same time, without having to rely on plastic rings or shrink wrap. The smart clip system that closes around the crown caps is even hardy enough to handle a bumpy bike ride. The packaging is made from virgin fibre cardboard, and is therefore easy to recycle. The graphic design is a perfect match for the beer's design and identity, in which the Amsterdam brand pokes fun at the bullish image of the traditional beer drinker and the supposed unifying role that drinking beer plays in male friendships. This unconventional strategy is emphasised by the dangling bottles with the pink, skin tone label showing the distinctive heart cut into chest hair.

Manon van Hoeckel

↳ Page 123

Design: Manon van Hoeckel
Award: Designprijs Noord-Brabant 2023
Photography: Ben Nienhuis
manonvanhoeckel.com

Sociaal ontwerper Manon van Hoeckel beschouwt de ontmoeting met 'de ander' als voorwaarde om begrip en empathie voor de medemens te kunnen ontwikkelen. Met haar maatschappelijk geëngageerde projecten jaagt ze op eenvoudige én slimme wijze verandering aan. Zo ontwierp ze een wasserette in een museum, met vuile was als toegangsbewijs. Het resultaat: mooie, verrijkende ontmoetingen tussen reguliere museumbezoekers en buurtbewoners die soms voor het eerst in het museum waren. Met een ambassade voor uitgeprocedeerde asielzoekers gaf ze deze groep behalve aandacht ook een gevoel van eigenwaarde. En door ingesopte ramen van creatieve tekeningen te voorzien, maakte de ontwerper van deze wekelijks onderhoudsbeurt een terugkerend hoogtepunt voor de verstandelijk beperkte bewoners.

Social designer Manon van Hoeckel believes that meeting 'the other' is vital to helping us develop understanding and empathy for our fellow man and woman. In her socially-engaged projects, Manon effects change using both straightforward and smart approaches. Van Hoeckel designed, for example, a launderette in Museum Boijmans Van Beuningen. Visitors could bring their dirty laundry, and were allowed into the museum for free to do their washing (and explore the museum while they waited). This resulted in enjoyable encounters between regular museum visitors and local residents, some of whom had never before visited the museum. For asylum seekers who have exhausted all legal procedures, Manon established an embassy, raising awareness of this group and giving them a sense of dignity. And by making creative drawings in sudsy windows, the designer turned a weekly chore into a recurring highlight for residents with intellectual disabilities.

Studio Dumbar/DEPT®
↳ Page 125

Design: Studio Dumbar/DEPT®
Award: European Design Award 2023
Category: Agency of the Year
Additional awards: European Design Awards 2023, Webby Award 2023, Lovie Awards 2023, D&AD Awards 2023, TDC Awards 2023, The One Show Awards 2023, ADC Awards 2023, Communication Arts Design Awards 2023, Communication Arts Typography Awards 2023
Image: Studio Dumbar/DEPT®
studiodumbar.com

De EDA-awards voor Studio Dumbar/DEPT® illustreren de belangrijkste focus van de studio: identity, sound en motion design. Door de fusie met DEPT® in 2016 werd Studio Dumbar onderdeel van een wereldwijd digitaal bureau. De internationale reputatie van de studio als belangrijke exponent van het Nederlandse grafische erfgoed, zie je weerspiegeld in de wereldwijde opdrachten. Zo'n zeventig procent van de portfolio bestaat uit werk voor internationale klanten. Ondanks de grote diversiteit in het internationale team blijft de Nederlandse mentaliteit deel uitmaken van het DNA van de studio. Die vertegenwoordigt een houding en niet zozeer een stijl. Creative director Liza Enebeis: "We creëren niet onze eigen identiteit, maar we creëren die van iemand anders en dát moet de juiste match zijn."

The EDAs for Studio Dumbar/DEPT® aptly illustrate the agency's primary focus: identity, sound, and motion design. Following the merger with DEPT® in 2016, Studio Dumbar became part of a global digital agency. The international reputation of the agency as a significant exponent of Dutch graphic heritage is reflected in their commissions from all around the world. Some seventy per cent of the agency's portfolio consists of work for international clients. Despite the impressive diversity of the international team, the Dutch mentality remains part of the agency's DNA (in terms of an attitude, rather than a style). Creative Director Liza Enebeis: "We are not creating our own identity, but someone else's identity, and precisely that needs to be a match."

The Waterworks of our Money
↳ Page 126

Design: Studio Carlijn Kingma
Commission: Global Centre for Climate Mobility
Award: Dutch Design Award 2023
Category: Design Research
Additional award: Amsterdamprijs voor de Kunst 2023
Photography: Ronald Hissink
carlijnkingma.com

De wereld waarin we leven wordt steeds ondoorgrondelijker en dat geldt ook voor de systemen die aan de basis van onze maatschappij staan. Ons financiële stelsel is hiervan een goed voorbeeld, en dat terwijl het een belangrijke voorwaarde is om als zelfredzaam burger volwaardig deel te kunnen nemen aan de maatschappij. Samen met twee financieel economen bracht illustrator en architect Carlijn Kingma de wereld van het geld op inzichtelijke en prikkelende wijze in kaart. In een enorme tekening vol details stelt ze geldstromen voor als waterwerken. Daarbij biedt ze ruimte voor diverse perspectieven op dit grote onderwerp. Het journalistieke onderzoeksplatform Follow the Money maakt de kaart toegankelijk voor een breed publiek en biedt via geanimeerde scenes verdieping op verschillende aspecten van ons financiële stelsel.

Our world is becoming increasingly incomprehensible, and this certainly also applies to the systems that underpin our society. Our monetary system is a prime example, while understanding this system is an important condition of being able to participate in society as an independent citizen. Illustrator and architect Carlijn Kingma teamed up with two financial economists to create an accessible and engaging overview of the world of money. In an enormous and elaborate drawing, she visualises money flows as waterworks, and allows for a range of perspectives on this sweeping subject. The journalistic research platform Follow the Money brings Kingma's work to a wider audience and offers animations based on the illustrations, delving deeper into various aspects of our financial system.

From the Himalayas
↳ Page 127

Design: Super Local
Commission: Sagarmatha Next
Award: Dutch Design Award 2023
Category: Product
Photography: Super Local
super-local.com

Het is moeilijk te begrijpen, maar in het hoogseizoen laten bezoekers van het Sagarmatha National Park in Nepal dagelijks duizend kilo aan afval achter. Vanwege een gebrek aan infrastructuur werd het vaak verbrand, met schadelijke gevolgen voor het ecosysteem in de regio. Het 'Carry me back'-systeem brengt hierin verandering. Het laat de lokale bevolking en ook de toeristen zelf het afval vanuit het hooggebergte mee naar beneden nemen, in clip-on zakjes van een kilo, zodat het kan worden gerecycled. Het is een model dat op veel plekken navolging verdient. Versnipperde en vervolgens gesmolten plastic doppen dienden als de grondstof voor de lokaal geproduceerde collectie 'From the Himalayas'. Het schaalmodel van de meest iconische bergtoppen en de drie kleurrijke kunststof hangers zijn mooie souvenirs die het afvalprobleem helpen adresseren, oplossen én financieren.

It's difficult to get your head around, but high-season visitors to the Sagarmatha National Park in Nepal leave behind a thousand kilograms of rubbish every day. The lack of infrastructure means this waste is often simply burned, harming the ecosystem in the region. The 'Carry me back' system is here to change this: it allows locals and tourists to carry rubbish from the mountains back down with them, in clip-on one-kilogram bags, so that it can be recycled. It's a model that surely must be introduced elsewhere. Shredded and subsequently melted bottle caps were the raw material for the locally-produced collection 'From the Himalayas'. The scale model of the most iconic peaks and the three colourful plastic pendants are fine souvenirs that also help to address and (financially) solve the waste problem.

Jury TDC Ascender Award 2023:

“If you want to know what’s at the bleeding edge today, and what tomorrow is bound to look like, memorise these names.”

↳ Read more on page 138

Jury Inktspotprijs 2023:

"The winner, who was awarded the Inktspotprijs on two previous occasions, has created an iconic and – first and foremost – incredibly potent image, that starts off by making you smile, before touching your heart."

↳ Read more on page 138

Film Catcher

Franka Schaap, Studio Louter

De Film Catcher is een installatie in Eye Filmmuseum die de mogelijkheid biedt om het gedigitaliseerde deel van de omvangrijke filmcollectie te doorzoeken op visuele kenmerken. Het is een vervolg op The Movie Mirror, een installatie die Studio Louter in 2018 ontwikkelde, samen met onder meer Eye binnen het wetenschappelijke project SEMIA (Sensory Moving Image Archive). Daar begon de zoektocht naar nieuwe visuele manieren om een filmdatabase te ontsluiten. "In de Movie Mirror was het zoeken iets heel fysieks: als bezoeker nam je een houding aan en de database vertoonde vervolgens filmbeelden met acteurs in dezelfde houding", aldus Franka Schaap, als projectleider bij Film Catcher betrokken.

"Toen Eye ons vroeg hun panoramaruimte te upgraden, vormde dat een mooie ingang om het onderzoek naar het doorzoekbaar maken van audiovisuele collecties te vervolgen. Hiervoor hebben we met onder meer Eye een consortium gevormd, we zijn dus partners in het project. Ons onderzoek sloot goed aan bij een Digital x Heritage-oproep van het Stimuleringsfonds Creatieve Industrie, waardoor we meer dan in een opdrachtsituatie, ruimte hadden om met eigen ideeën te komen. Voor Film Catcher hebben we met kunstmatige intelligentie (Microsoft Azure) beeldanalyses laten uitvoeren. Films werden opgeknipt in scènes en hier werden door de computer visuele kenmerken uit gedestilleerd. Dit leverde zulke mooie verbanden op, dat heeft ons echt weggeblazen.

Film Catcher is een ruimtelijke installatie die de filmcollectie van Eye op een vernieuwende manier doorzoekbaar maakt. Met behulp van een tablet swipe je een filmstill met een bepaald visueel kenmerk (bijvoorbeeld oog, dans, cirkel, close-up) richting het projectievlak op de muur voor je. Daar verschijnt dan een collage van verschillende scènes die dat kenmerk delen. Zo'n selectie wordt iedere keer opnieuw gegenereerd. Door je tablet als zoeklicht te gebruiken kan je een specifiek filmfragment op het projectievlak 'vangen' met je tablet. Eenmaal naar je tablet gehaald, heb je toegang tot de metadata van de film, en kun je de scene of hele film afspelen. Zo toont de installatie de breedte van de collectie van Eye, de overweldigende hoeveelheid en diversiteit aan films en alle verbanden daartussen."

The Film Catcher is an installation at the Eye Filmmuseum that enables visitors to search the digitised part of the museum's extensive film collection using visual characteristics. It is a continuation of The Movie Mirror, an installation that Studio Louter developed in 2018, together with other parties including Eye as part of the academic project SEMIA (Sensory Moving Image Archive). This is where the search began to find new visual means of providing access to a film database. "In The Movie Mirror, searching was highly physical: visitors struck a particular pose, and the database showed film images with actors in the same pose", explains Franka Schaap, project manager for the Film Catcher.

"When Eye asked us to upgrade their Panorama space, it was a prime opportunity to continue the research into how to make audiovisual collections searchable. We decided to form a consortium with parties including Eye, so we are partners in the project. Our research dovetailed with the Creative Industries Fund NL's Digital x Heritage scheme, which meant that we had more freedom to introduce our own ideas than with a commission. For Film Catcher, we used Artificial Intelligence (Microsoft Azure) to analyse images. Films were chopped into scenes, from which the computer captured visual characteristics. This produced such amazing connections; we were really blown away.

Film Catcher is a spatial installation that offers an innovative means of searching the Eye film collection. You use a tablet to swipe a film still with a certain visual characteristic (such as eye, dance, circle, close-up) towards a projection screen on the wall in front of you. A collage of different scenes sharing your chosen characteristic will then appear on the screen. This selection is regenerated each time a characteristic is selected. By using your tablet as a searchlight, you can use it to 'catch' a specific film fragment on the projection screen. Once the film fragment is on the tablet, you can view the film's metadata and play the scene or the entire film. The installation therefore shows the breadth of the Eye collection, the overwhelming number and range of films, and how they are all connected."

Jury Museums + Heritage Awards 2023:

"Breaking the boundaries of the traditional view of access to collections, the judges were impressed by this innovative approach to giving unmediated access to a rich and extensive collection of film."

↳ Read more on page 138

As if I already knew you...

Jury Dutch Creativity Awards 2023:

"We are excited about utilising technology to bridge gaps between individuals or groups that may appear distant from one another."

↳ Read more on page 139

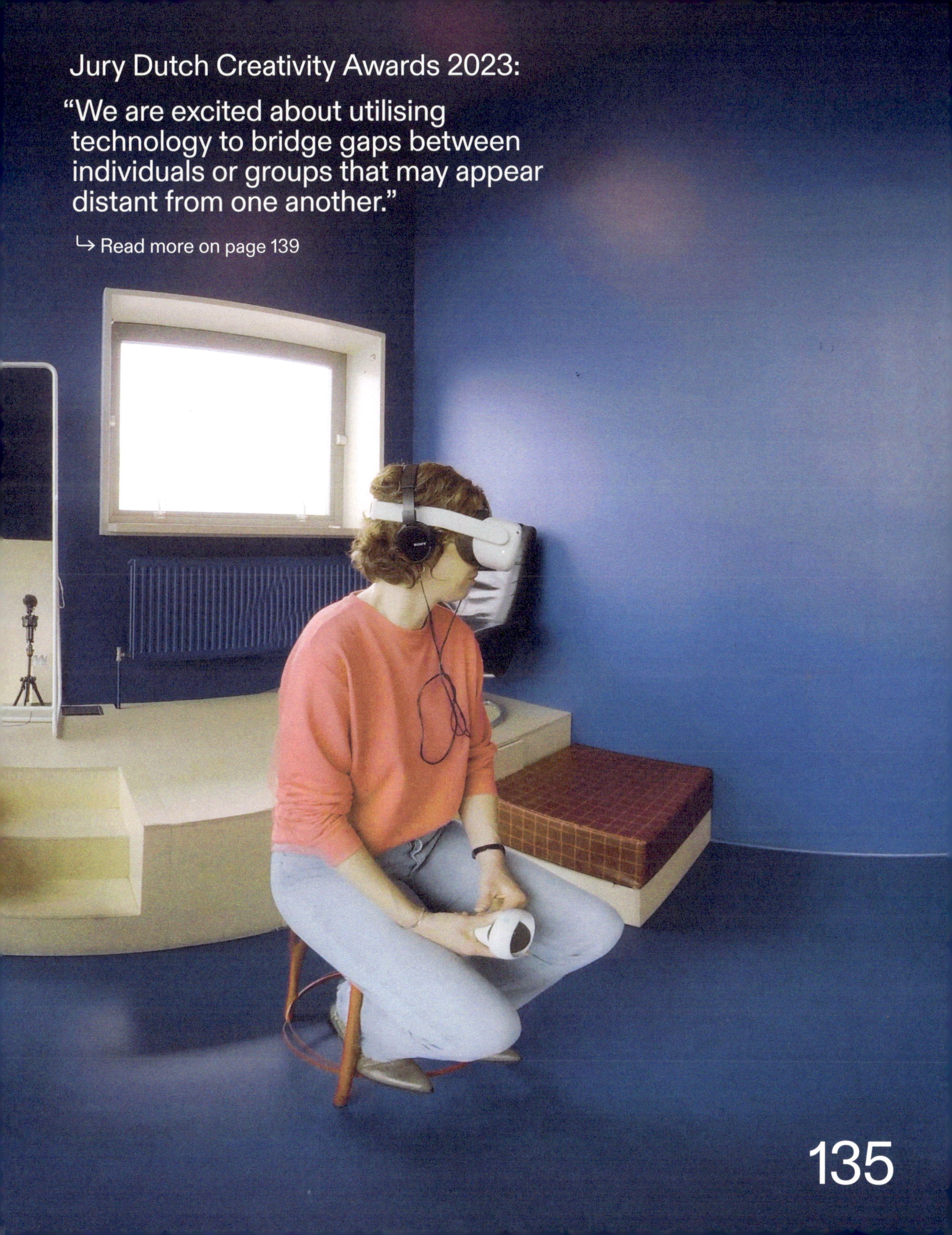

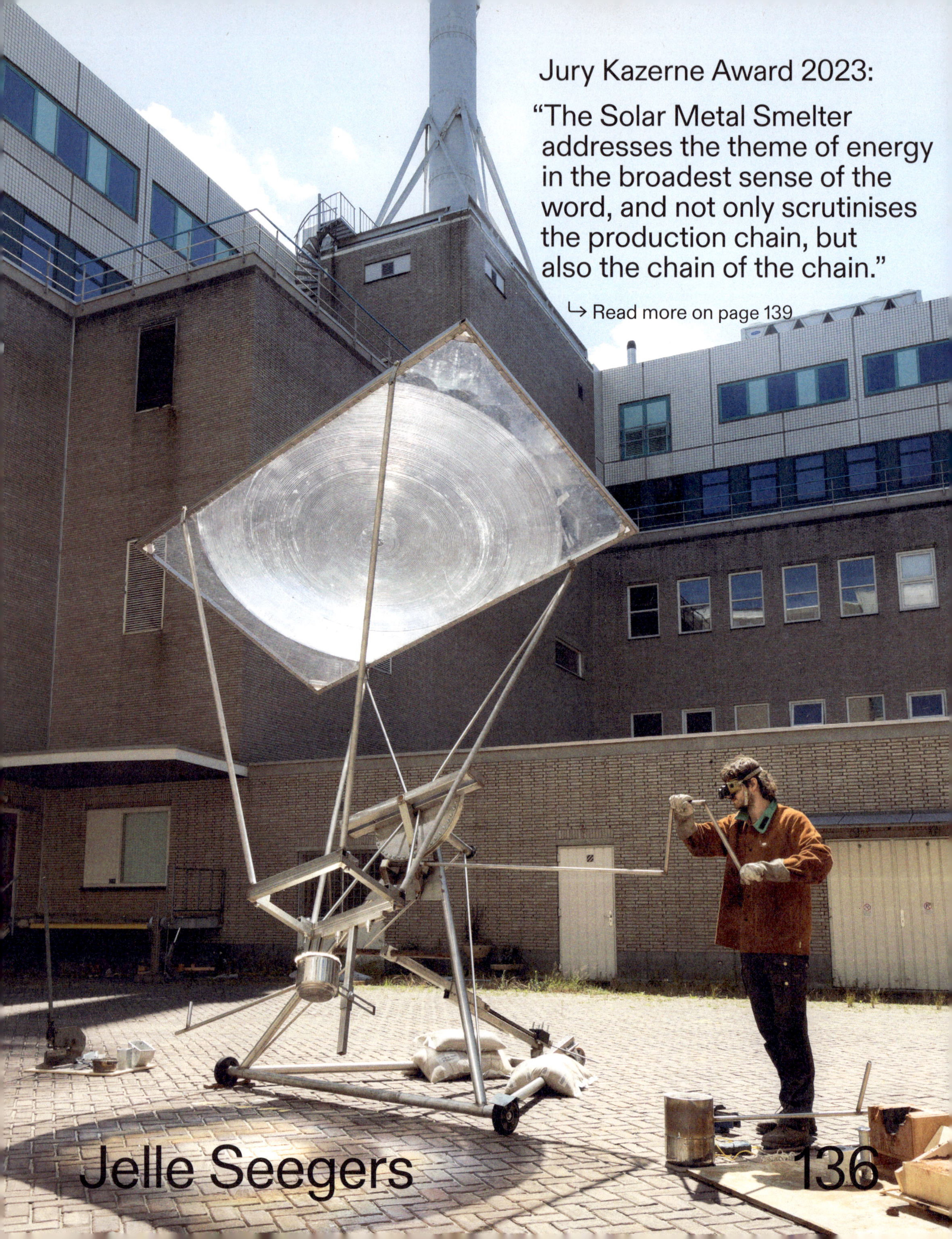

Jury Kazerne Award 2023:

“The Solar Metal Smelter addresses the theme of energy in the broadest sense of the word, and not only scrutinises the production chain, but also the chain of the chain.”

↳ Read more on page 139

Jelle Seegers

It's Nice That:

"The result is a truly captivating experience that brings all of the senses together to tell an often overlooked story."

↳ Read more on page 139

Daan Rietbergen
↳ Page 130

Design: Daan Rietbergen
Award: TDC Ascenders Award 2023
Photography: Daan Rietbergen
daanrietbergen.com

Voor elk van zijn letterprojecten legt Daan Rietbergen zichzelf via een aantal regels een systeem op dat het karakter van de letter bepaalt. Leesbaarheid is hierbij vaak niet zijn eerste vereiste. Een letter als de Nespor laat zich tot monumentale proporties uitvergroten. Hoewel in aanvang in de computer ontwikkeld, werd de letter verder handmatig ontwikkeld door met gebruik van fineliner en liniaal lijnen te trekken. De ontwerper hecht aan de fysieke en tactiele kwaliteit die deze analoge manier van werken met zich meebrengt, een restant van zijn verleden in de graffiti. Voor de Krisan onderzoekt hij samen met creative coder Sander Sturing de mogelijkheden van animatie van de uit variërende lijndiktes opgebouwde letter. Dat levert een zowel functioneel als autonomer toepasbaar levendig letterbeeld op.

For each of his typographic projects, Daan Rietbergen uses several rules to impose a system on himself that determines the character of the letter. Legibility is often not his first priority. A character such as Nespor can be blown up to monumental proportions. While it started life on screen, the characters were further developed by hand, using a fine liner and ruler. The designer enjoys the physical and tactile qualities of this analogue way of working, a carry-over from his past in graffiti. For another character, Krisan, Daan worked with creative coder Sander Sturing to explore the possibilities of animating characters made of several lines in varying thicknesses. This resulted in a dynamic character that is both functional and more autonomously applicable.

Extinction Rebellion
↳ Page 131

Design: Bas van der Schot
Commission: de Volkskrant
Award: Inktspotprijs 2023
Illustration: Bas van der Schot
basvanderschot.com

Een ijsbeer die zichzelf heeft vastgelijmd aan de ijsschots waarop hij zit. Het beeld roept direct de protestacties van klimaatactivisten in gedachten die zichzelf in de herfst van 2022 opeens op allerlei plekken in de wereld met secondelijm aan kunstwerken (of een talkshowtafel op live tv) vastplakten. Van der Schot maakte de tekening op 28 oktober, de dag nadat activisten zichzelf in het Mauritshuis met lijm hadden bevestigd aan het Meisje met de Parel van Johannes Vermeer. De spotprent combineert in één beeld de protestacties van de 'klimaatklevers' met de ijsbeer op een enkele drijvende ijsschots als machteloos slachtoffer van de klimaatproblematiek. De tekening is bedrieglijk eenvoudig, pas in tweede instantie dringt de zinloosheid van de droeve situatie tot je door.

A polar bear that has glued itself to the ice floe upon which it sits. The image immediately brings to mind the protests by climate activists who, in autumn 2022, superglued themselves to artworks all around the world (or to a talk show table during a live broadcast). Van der Schot made the drawing on 28 October, the day after activists had stuck themselves to Johannes Vermeer's Girl with a Pearl Earring in the Mauritshuis. In a single image, the cartoon combines the protests by the 'climate stickers' with the polar bear, floating on a single floe as the powerless victim of the climate problem. The drawing is deceptively simple; it's only at a later stage that you are struck by the futility of the sad situation.

Film Catcher
↳ Page 133

Design: Studio Louter
Commission: Studio Louter x Eye Filmmuseum
Award: Museums + Heritage Awards 2023
Category: Best use of digital, International
Photography: Jordi Wallenburg
studiolouter.nl

Studio Louter – gespecialiseerd in content design – ontwikkelde in een gelegenheidsconsortium met onder meer Eye Filmmuseum en Kiss the Frog een visuele zoekmachine: Film Catcher. Dit is een vervolg op het wetenschappelijke project SEMIA, gericht op innovatieve manieren om digitale filmcollecties te ontsluiten. Een interactieve installatie in de panoramaruimte van het museum biedt bezoekers tegelijkertijd de mogelijkheid om via voorgeprogrammeerde zoektermen als 'oog', 'bloem' of 'rood' filmfragmenten op te roepen. Deze zijn vervolgens in samenhang te bekijken op het projectievlak dat is gekoppeld aan de tablet die jij bedient. De selectie wordt bij iedere zoekopdracht opnieuw gegenereerd. Met de tablet kan je ook een individueel fragment vangen voor nadere bestudering van de film zelf of van de metadata uit de database.

Content design specialists Studio Louter worked in a special consortium with parties including the Eye Filmmuseum and Kiss the Frog to develop a visual search engine: the 'Film Catcher'. The project is a continuation of the Sensory Moving Image Archive, an academic project that explored innovative means of searching and presenting digitised film collections using visual characteristics. An interactive installation in the museum's Panorama space also allows visitors to use a tablet to search for film fragments using pre-programmed search terms such as 'eye', 'flower' or 'red'. These films are then displayed together on a projection screen that is linked to the tablet. The selection is regenerated with each new search. The tablet also allows visitors to 'catch' individual fragments, in order to watch more of the film or to view the metadata from the database.

As if I already knew you...
↳ Page 135

Design: The Bubble Games Consortium: Fabrique, TU Delft, LB MGMT, VR Gorilla, Fonkeling, Effenaar
Commission: Gemeente Eindhoven
Award: Dutch Creativity Award 2023 / Bronze Lamp
Additional awards: Lovie Awards 2023
Video still: VR Gorilla
fabrique.nl

Polarisatie vormt een van de grote problemen van onze maatschappij. Jeroen van Erp (Fabrique) en Liesbeth Bonekamp (LB MGMT) namen het initiatief om ontwerpend te onderzoeken hoe empathie te ontwerpen, als middel hiertegen. Met behulp van social design en onderzoek ontwikkelden zij een methode naar aanleiding van een conflict tussen twee bewonersgroepen in uitbreidingswijk Meerhoven in Eindhoven. Irritaties in een winkelcentrum tussen oudere bewoners en jongeren zijn er een voedingsbodem voor grotere problemen. Door jongeren met behulp van VR-technologie onder te dompelen in de wereld van de ouderen en andersom, ontstond in kort tijdsbestek begrip en empathie voor het perspectief van de ander. Fontys Hogescholen onderzoekt de doorontwikkeling van het project naar een 'pocket versie', die toepassing op grotere schaal realiseerbaar maakt.

Polarisation is one of the great problems currently facing society. Jeroen van Erp (Fabrique) and Liesbeth Bonekamp (LB MGMT) decided to take the initiative and design empathy, as a remedy to this polarisation. Using social design and research, they developed a method inspired by a conflict between two groups of residents in Meerhoven, a developing neighbourhood in Eindhoven. Annoyances at a shopping centre involving older and younger residents were becoming a breeding ground for more serious problems. The project used VR to introduce young people to the world of the older people, and vice versa, helping to quickly create understanding and empathy for the other group's perspective. Fontys Hogescholen is now exploring the further development of the project to create a pocket version, to facilitate using the technology on a larger scale.

Jelle Seegers
↳ Page 136

Award: Kazerne Award 2023
Photography: Iris Rijskamp
jelleseegers.com

Radicaal duurzaam wordt de praktijk van Jelle Seegers wel genoemd. Nadat hij tijdens een stage had gezien hoeveel stroom nodig is om metaal te smelten, besloot hij te zoeken naar een andere, duurzamer manier. Met de Solar Metal Smelter ontwikkelde hij een groot vergrootglas van polycarbonaat dat het zonlicht opvangt in een met metaaldeeltjes gevulde, geïsoleerde smeltkroes waarin de temperatuur tot wel duizend graden kan oplopen. Eenmaal gesmolten maakt hij van het metaal, gehaald van de lokale schroot, nieuwe gereedschappen en andere gebruiksvoorwerpen die weer lange tijd mee kunnen. Seegers ambitie is om een fabriek te ontwerpen die volledig draait op zonne-, wind- en menselijke energie en die ook andere makers in staat stelt op duurzame wijze producten te maken.

Jelle Seegers' practice is sometimes called 'radically sustainable'. During an internship, Jelle was shocked to discover how much electricity is required to smelt metal, and decided to find a more sustainable solution. That solution was the 'Solar Metal Smelter': a gigantic polycarbonate magnifying glass that directs sunlight into an insulated crucible containing metal particles, in which the temperature can reach 1,000 degrees. Once the metal – extracted from local scrap – has been smelted, Jelle uses it to make various new tools and implements, which can serve people for years to come. Jelle's ambition is to design a factory that runs solely on solar, wind and human energy, and that helps other makers to produce products sustainably.

The Pollinators of Slovenia
↳ Page 137

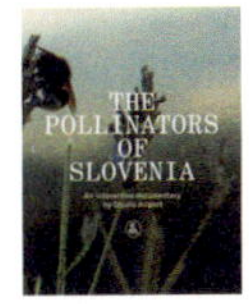

Design: Studio Airport
Publication: Emergence Magazine
Award: European Design Award 2023 / Silver
Category: Digital Miscellaneous
Image: Studio Airport
studioairport.nl

In deze interactieve documentaire staat de nauwe band centraal die Slovenen van oudsher hebben met bestuivers als insecten en soms ook vogels. Hun traditionele manier van bijen houden kreeg een UNESCO World Heritage status. Bestuivers spelen een belangrijke rol in onze voedselketen, maar ze hebben het moeilijk door de afname in biodiversiteit en het gebruik van giftige verdelgingsmiddelen. Het gesproken verhaal is opgedeeld in vijf hoofdstukken en wordt visueel ondersteund door een rijke verzameling foto's en filmfragmenten waar je doorheen kan scrollen. Een subtiele grafische toevoeging in de audio tijdbalk geeft aan wanneer geluid en beeld het best op elkaar zijn afgestemd. De online beschikbare documentaire is een van de veelvormige producties die Emergence Magazine online en in print publiceert rond ecologie, cultuur en spiritualiteit.

This interactive documentary focuses on the close connection that Slovenians traditionally have with pollinators like insects, and sometimes birds. Their age-old approach to beekeeping has been awarded UNESCO World Heritage status. Pollinators play an important role in our food chain, but are threatened by biodiversity loss and the use of toxic insecticides. This spoken story is divided into five chapters, and is visually supported by a rich, scrollable collection of photographs and video fragments. A subtle graphical addition to the audio progress bar indicates when sound and visuals are best matched. This documentary, available online, is one of the range of online and print publications produced by Emergence Magazine exploring aspects of ecology, culture and spirituality.

Words: Jeroen Junte

Highli
Desig
Year

ghts

n

Het designjaar 2024 belooft net zo'n bewogen jaar te worden als 2023. Jeroen Junte kijkt terug én vooruit en denkt er het zijne van. Over design als troost en kracht, en hoe herstel en duurzaamheid hand in hand kunnen gaan. Over de 'coming of age' van AR en VR, maar ook de schaduwkant van AI. Over de opkomst van lokale en specialistische designevents. Over doe-het-zelf design als verzetsdaad en het opkomen voor de rechten van de natuur.

The design year of 2024 looks set to be just as animated as that of 2023. Jeroen Junte looks back and ahead, and formulates his thoughts. About design as solace and strength, and how recovery and sustainability can go hand in hand. About the coming of age of AR and VR, but also the drawbacks of AI. About the future of local and specialist design events. And about DIY design as an act of rebellion, and fighting for the rights of nature.

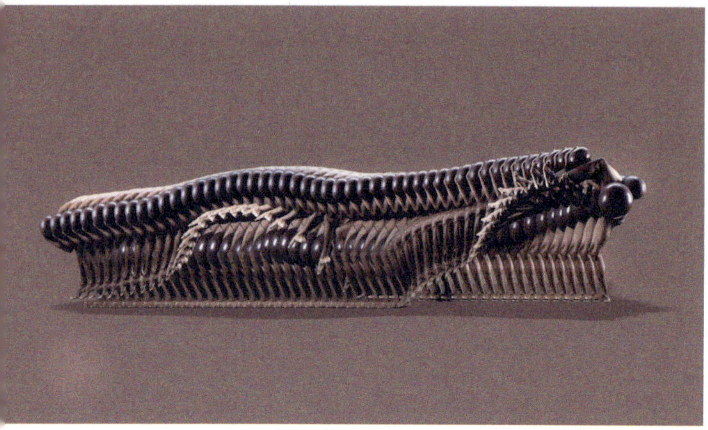

Wave, 2023, Bart Hess
Image: Bart Hess

Home(Land) exhibition, Gunya Ouessant, 2022-2023, Marjo van Schaik
Photographer: Alex Blanco

Screenwear exhibition, Bica Dress, 2021, Tribute Brand
Photography: Tribute Brand

VR and AR come of age

Wie herinnert zich nog de metaverse? Niemand natuurlijk, want deze digitale fantasiewereld bleef vooral een fantasie. Maar het zette wel Augmented Reality, VR-brillen en haptische interfaces op de kaart, tegenwoordig bondig samengevat als 'immersieve content' – zie het als de coming of age van deze innovatieve technologie waarmee internet uit het platte beeldscherm breekt. De Nederlandse overheid investeert 80 miljoen euro in ontwikkeling van Immersive Experiences (IX). Daarvoor rolt CLICKNL de komende vier jaar een uitgebreid onderzoeksprogramma uit over IX in zorg, onderwijs, e-commerce en entertainment.

De contouren van de maatschappelijke impact van IX worden geschetst met de podcast Ondergedompeld in een nieuwe werkelijkheid van het onafhankelijke Rathenau Instituut. De centrale vraag daarbij is: hoe kan IX ons juist meer menselijk maken? Het kan in elk geval empathie vergroten, zo demonstreert ontwerpbureau Fabrique met het As if I already knew you... project. Ondertussen verdiepen ook de artistieke mogelijkheden van IX. Virtuele mode die online wordt gedragen, bijvoorbeeld via een filter op de smartphone, is een volwaardige discipline, blijkt op de expositie Screenwear in het Designmuseum in Den Bosch. Op Dutch Design Week lanceerde digital designer Bart Hess de psychedelische VR-film Wave, waarin je dansers vanuit verschillende invalshoeken en op meerdere momenten in tijd bekijkt. En VR-regisseur Celine Daemen wint op het Filmfestival van Venetië een Grand Prize met haar VR-productie Songs for a Passerby, waarin de kijker in een magisch-realistisch droomlandschap een virtuele dubbelganger ontmoet.

Who remembers the metaverse? No one, of course, because this digital fantasy world has mostly remained just that – a fantasy. But it did put Augmented Reality, VR headsets and haptic interfaces on the map, which are now collectively referred to as 'immersive content'. You can see it as a coming of age for these innovative technologies that enable the internet to break free from flat screens. The Dutch government is investing 80 million euros in the development of immersive experiences (IX). Over the next four years, CLICKNL will roll out an extensive research programme on the topic, looking at IX in healthcare, education, e-commerce and entertainment.

The social impact of IX is being outlined by the podcast Ondergedompeld in een nieuwe werkelijkheid ('Immersed in a new reality') from the independent Rathenau Instituut. The central question is this: how can IX make us more human? At any rate, it can definitely increase empathy, as design firm Fabrique demonstrates with their As if I already knew you... project. Meanwhile, the artistic possibilities of IX are also intensifying. For example, the Screenwear exhibition at Design Museum Den Bosch proves that virtual fashion (worn online using a smartphone filter), is a now a full-fledged discipline. At Dutch Design Week, digital designer Bart Hess premiered the psychedelic VR film Wave, allowing viewers to observe dancers from various perspectives and at multiple points in time. And VR director Celine Daemen took home a Grand Prize from the Venice Film Festival for her VR production Songs for a Passerby, which allows viewers to meet their virtual doppelgänger in a magical-realistic dreamscape.

Design as solace and strength

De oorlog in Oekraïne duurt al twee jaar en volgens sommigen al tien jaar, vanaf de Krim-annexatie in 2014. Dat design troost en kracht kan bieden, blijkt ook op Ukraine. People. Courage. Posters, een overzicht van bijna vijftig Oekraïense oorlogsposters in Design Museum Dedel in Den Haag. De posters zijn niet alleen een visueel verslag van de oorlog maar ook een vreedzaam protest; de posters zijn op eigen initiatief door de kunstenaars gemaakt en worden door de burgers zelf verspreid.

Voorzichtig wordt ook al nagedacht over de eventuele wederopbouw van Oekraïne. De expositie Home(Land) laat op empathische manier zien wat de betekenis van design kan zijn voor een land in oorlog; eerst te zien op Dutch Design Week, reisde deze expositie daarna naar het Design Museum in Gent. Centraal staat de Gunya, een enorme wollen overjas van herders in de Karpaten. Dit traditionele kledingstuk krijgt een remake door Nederlandse en Oekraïense ontwerpers met innovatieve materialen als schimmels en plantaardige vezels. Het is een kunstzinnige suggestie voor hoe herstel en duurzaamheid hand in hand kunnen gaan.

The war in Ukraine has been going on for two years, or according to some, ten years – since the annexation of Crimea in 2014. But design can provide a source of solace and strength, as evidenced by Ukraine. People. Courage. Posters, a collection of nearly 50 Ukrainian war posters at Design Museum Dedel in The Haag. The posters are more than just a visual record of the war – they are also a form of peaceful protest; while the artists initiated and created the posters themselves, they were distributed by local residents.

The possible reconstruction of Ukraine is also under careful consideration. The exhibition Home(Land) offers an empathetic take on what design can mean for a country at war. First displayed at Dutch Design Week, the exhibition then moved on to the Design Museum in Ghent. It revolves around the Gunya – a large woollen overcoat worn by Carpathian shepherds. This traditional garment got a makeover by Dutch and Ukrainian designers using innovative materials like fungi and plant-based fibres. The end result is an artistic suggestion for how recovery and sustainability can work hand in hand.

Digital art (re)discovered

NFT zette de digitale kunst- en designhandel op zijn kop. Met de val van de bitcoin en andere cryptovaluta kelderde het animo voor de non-fungible token net zo snel als het was opgekomen. Maar wat wel resoneert is een hernieuwde interesse in de pioniers van digitale kunst. Want alleen wie zijn digitale verleden kent, is klaar voor de toekomst. De expositie Reboot in het Nieuwe Instituut toont sleutelwerken van meer dan twintig uitvinders, ontwerpers en kunstenaars uit de 'oertijd' van digitale kunst tussen 1960 en 2000. Wat blijkt: een kritische houding ten aanzien van digitalisering, het online spel met identiteit en de zoektocht naar een nieuwe esthetiek zijn nu nog even actueel als toen. Hoe deze kennis uit het verleden een garantie biedt voor een eerlijkere en meer inclusieve digitale toekomst verkent het Impakt Festival in Utrecht. Het is immers hoog tijd dat wij als grootverbruikers van smartphone en internet opkomen voor onze rechten. Oftewel: Let's turn Big Tech into Fair Tech!

Al blijft er natuurlijk genoeg te genieten, zoals de nieuwe, extatische werkelijkheid van digitale kunstenaars en ontwerpers. De tentoonstelling Ekstasis in het Stedelijk Museum Schiedam zet een immersieve ervaring met een vleugje housecultuur van co-curator Nick Verstand op een vanzelfsprekende manier naast het ritmische minimalisme van de Nul-beweging uit de jaren zeventig. Nog een stapje verder in digitale psychedelica gaat GOGBOT Festival in Enschede. Met Feed your Head als thema wordt belicht hoe technologie zich bijna als drugs manifesteert in ons moderne leven. Ook dat thema werd al in de jaren zestig verkend door Haus-Rucker-Co. In de Kunsthal waren enkele baanbrekende werken van dit Oostenrijke architectentrio te beleven, zoals een glazen astronautenhelm waarop beelden worden geprojecteerd. Deze Flying Helmet is een prototype van de VR-bril.

NFTs turned the digital art and design market upside down. But with the collapse of bitcoin and other cryptocurrencies, enthusiasm for non-fungible tokens disappeared just as quickly as it had appeared. One thing that still resonates is a renewed interest in the pioneers of digital art. Because only those who understand their digital past are prepared for the future. The Reboot exhibition at the Nieuwe Instituut displays key works from more than 20 inventors, designers and artists from the 'prehistoric times' of digital art between 1960 and 2000. And it appears that critical attitudes towards digitalisation, the online identity game, and the search for a new aesthetic are just as relevant now as they were back then. The Impakt Festival in Utrecht explores how this knowledge from the past can guarantee a fairer, more inclusive digital future. After all, it's about time that we, as superusers of smartphones and internet, stand up for our rights. In other words: Let's turn Big Tech into Fair Tech!

Of course, there's still plenty to get excited about, such as the new, ecstatic reality of digital artists and designers. At the Stedelijk Museum Schiedam, the Ekstasis show logically juxtaposes an immersive experience (with a touch of house culture) from co-curator Nick Verstand with the rhythmic minimalism of the Nul movement from the seventies. GOGBOT Festival in Enschede takes digital psychedelia one step further. Under the theme Feed your Head, it highlights how technology manifests itself almost like drugs in our modern life. That same theme was explored by Haus-Rucker-Co in the sixties. You could experience some of the groundbreaking pieces from this trio of Austrian architects at the Kunsthal, including a glass space helmet that images are projected onto. This Flying Helmut is a prototype for the modern VR headset.

Ekstasis exhibition, Stedelijk Museum Schiedam, 2023-2024
Photography: Aad Hoogendoorn

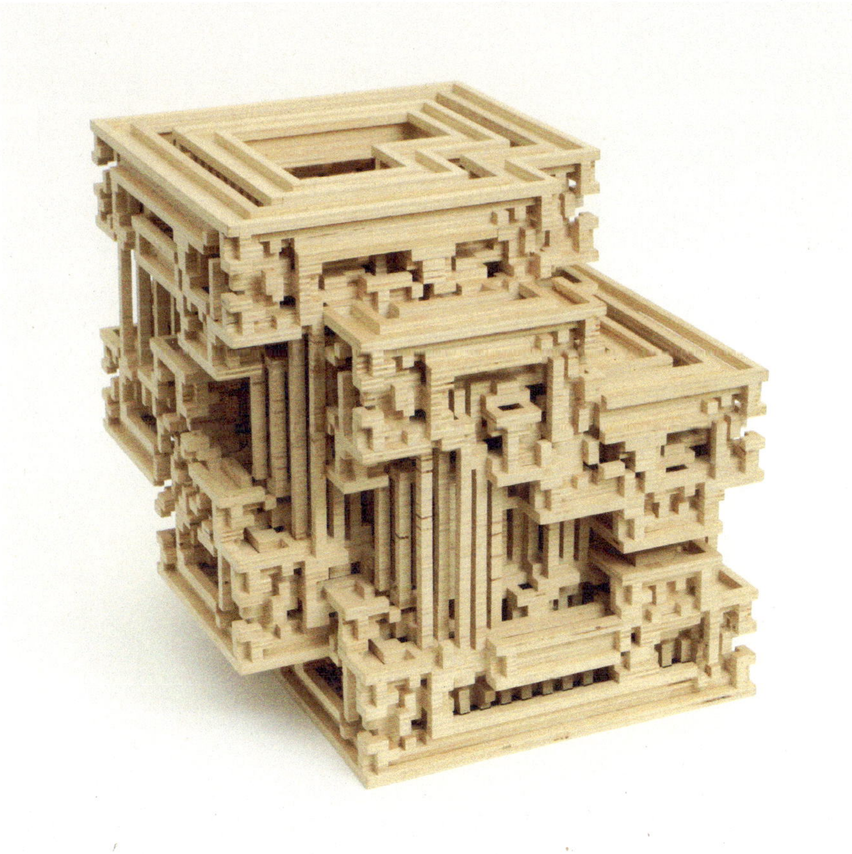

Driessens & Verstappen, Breed 0.1#4, 1995, Collection of Centre Pompidou, Paris
REBOOT exhibition, Nieuwe Instituut, 2023-2024

BlowUp Art The Hague, 2023, Raw Color
Photography: Ronald Smits

A Perfect Day exhibition, NDSM, Amsterdam, 2022
Exhibition design layout: Paulien Bremmer
Photography: Franzi Mueller Schmidt

Small but specialised design events

BlowUp Art The Hague, 2023, Theo Botschuijver
Photography: Ronald Smits

De grote internationale designbeurzen staan onder druk. Deelnemen wordt steeds duurder en bezoeken steeds uitdagender door vliegschaamte en commerciële overkill. Geen wonder dat lokale en specialistische evenementen in opkomst zijn. Zelfs Eindhoven heeft naast Dutch Design Week ook nog STRP (digitale kunst en design) en lichtfestival Glow. Rotterdam heeft designbeurs OBJECT en ook Amsterdam (designroute GLUE in september) en Den Haag (Designkwartier in november én het nieuwe BlowUp Art in mei) hebben één of meer designevents. De nieuwe landelijke Workspace Design Show in de RAI (oktober) mikt dan weer op de zakelijke markt, evenals Design District (mei) in de Van Nellefabriek in Rotterdam. De kleinste maar fijnste is A Perfect Day op het NDSM Terrein in Amsterdam, een meerdaags event waar Jip van den Toorn, Rogier Roeters en medeorganisator Paul Faassen (Volkskrant Magazine) met 150 andere illustratoren hun werk laten zien en workshops geven. Deelnemers worden bezoeker, en vice versa.

The world's biggest design fairs are under serious pressure. Participation keeps getting more expensive, and from 'flight shame' to commercial overkill, attending is becoming more challenging. So it's no wonder local and specialised events are on the rise. Eindhoven has STRP (digital art and design) and light festival Glow in addition to Dutch Design Week. Rotterdam has the OBJECT design fair, and even Amsterdam (design route GLUE in September) and The Hague (Designkwartier in November and the BlowUp Art in May) have one or more design events. The new nationwide Workspace Design Show at the RAI (October) targets the B2B market, as does Design District (May) at the Van Nelle Fabriek in Rotterdam. The smallest but most special event is A Perfect Day at the NDSM grounds in Amsterdam. This multi-day gathering brings together Jip van den Toorn, Rogier Roeters and co-organiser Paul Faassen (Volkskrant Magazine) and 150 other illustrators to show their work and lead workshops. Participants become visitors there, and the other way round.

AI loses its shine

Na alle verwondering over de verbluffende mogelijkheden van AI, komt er steeds meer systeemkritiek op deze technologie. AI-systemen als Midjourney of DALL·E hebben ingebouwde vooroordelen over vrouwen, queers en mensen van kleur. Dat wordt op pijnlijke manier gedemonstreerd met de interactieve installatie Clt.Alt.Img van ontwerpstudio affect lab; de installatie ging in première op het Nederlands Filmfestival. Het project MissJourney van creative agency ACE laat een AI-generator meer inclusieve beelden maken. Op de vraag om een beeld van een architect, journalist of bouwvakker worden standaard afbeeldingen van vrouwen gegeven, waaronder veel vrouwen van kleur. Het project werd genomineerd voor een Dutch Design Award.

AI heeft zijn glans verloren. Zo rijzen er ook vragen over de herkomst van de beelden in de datasets waarop deze AI-systemen hun output baseren. Is hier geen sprake van inbreuk op het auteursrecht van de makers van deze originele beelden? Dat werd onderzocht tijdens de debatserie AI for Good in Felix Meritis en DesignDigger LIVE in Pakhuis de Zwijger. Terwijl we midden in een AI-revolutie zitten, vragen de technologie-vorsers van de Waag zich op Dutch Design Week af: hoe slim is kunstmatige intelligentie nu echt? Maar het zijn vooral jonge ontwerpers op Dutch Design Week die AI demystificeren. Zoals de video-animatie Primal AI – te zien op de groepsexpositie Manifestations – nog maar eens fijntjes aantoont: AI is een menselijke creatie, met alle bijbehorende menselijke tekortkomingen.

After all the amazement about the unbelievable capabilities of AI, systemic criticism of this technology keeps increasing. AI systems like Midjourney and DALL·E have built-in biases against women, the LGBTQ community and people of colour. These prejudices are painfully demonstrated by Clt.Alt.Img, an interactive installation by design studio affect lab which premiered at the Netherlands Film Festival. MissJourney, a project by creative agency ACE, uses an AI generator to create more inclusive images. When prompted for a picture of an architect, journalist or construction worker, the default images are women, including many women of colour. The project was nominated for a Dutch Design Award.

AI is losing its shine. As a result, questions are being raised about where the images in the datasets that AI systems base their output on are coming from. Isn't it a breach of copyright for the creators of the original images? That issue was examined during the AI for Good debate series at Felix Meritis and DesignDigger LIVE at Pakhuis de Zwijger. While we find ourselves in the middle of an AI revolution, during Dutch Design Week technology researchers from the Waag want to know: how smart is Artificial Intelligence anyway? But at Dutch Design Week, it is especially young designers who are demystifying AI. As the video animation Primal AI – displayed at the group exhibition Manifestations – subtly demonstrates once again: AI is a human creation, with corresponding human shortcomings.

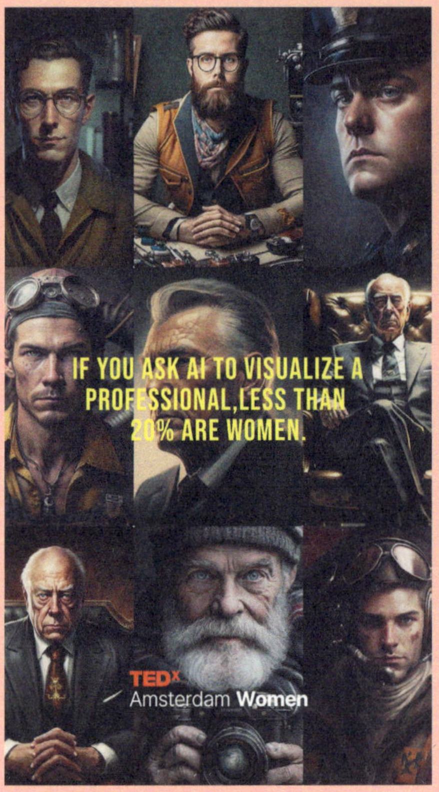

AI generator MissJourney, ACE
Image: ACE

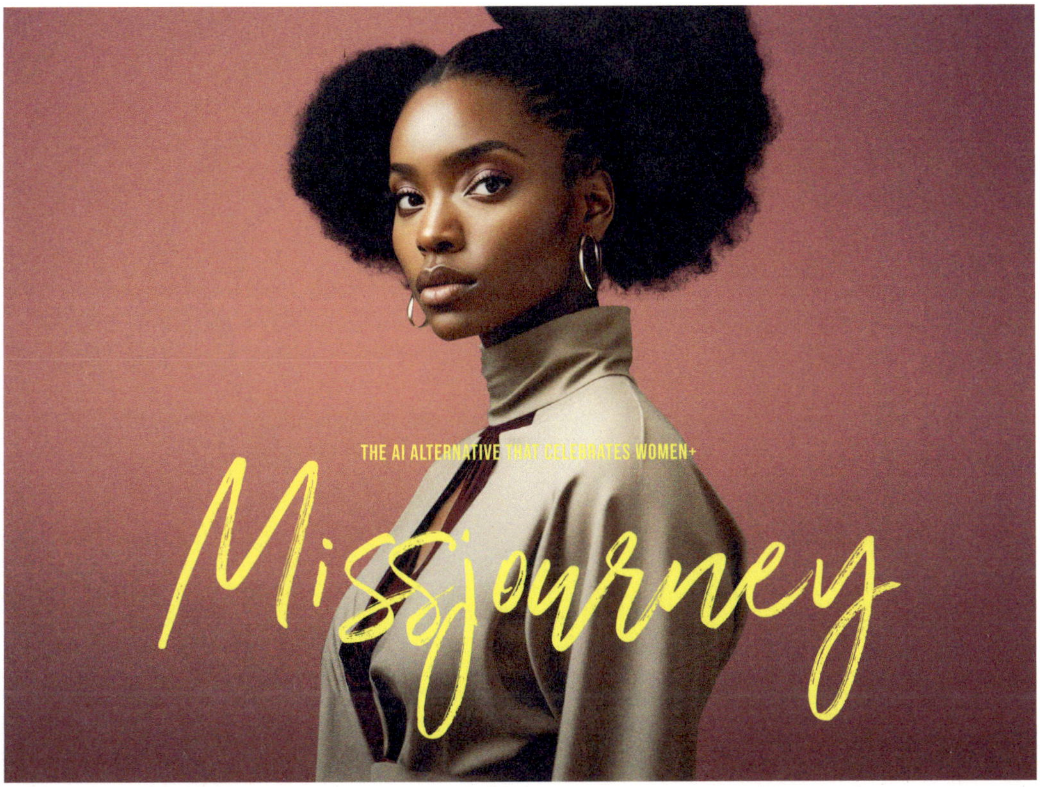

AI generator MissJourney, ACE
Image: ACE

Clt.Alt.Img, affect lab
Photography: Çiğdem Yüksel

Image room Architecture with installation Possible Architecture
by Gijs Van Vaerenbergh and prints by M.C. Escher
Escher – Other World exhibition, Kunstmuseum Den Haag, 2023
Photography: Johnny Umans

Shiva vase, Ettore Sottsass, 1973
Photography: Sander Vermeer

Love Magic, Hitachi (original), 1968
Photography: Sander Vermeer

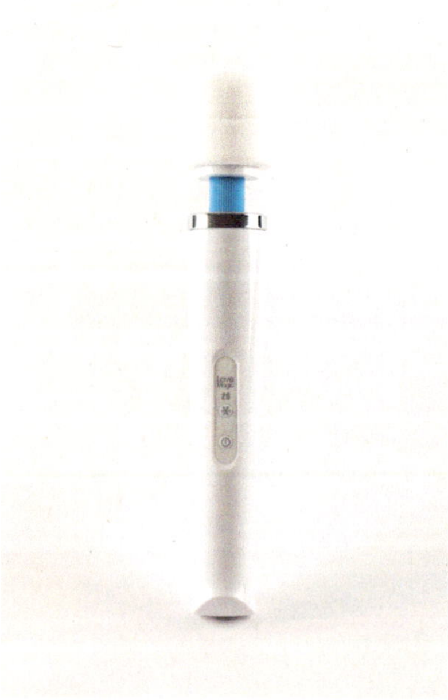

Mondje, Marion Herbst, 1969-1970
Collection Design Museum Den Bosch
Photography: Sander Vermeer

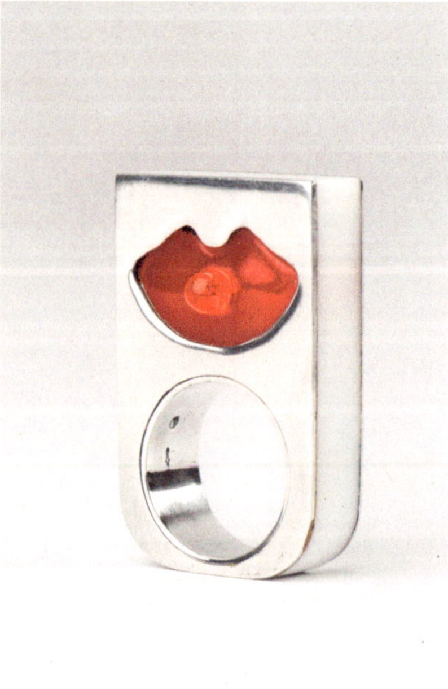

Sensory design

Design is er niet meer alleen om te gebruiken of naar te kijken. Je kunt het ook ruiken. Op de Milan Design Week presenteert designlabel Moooi een nieuwe lijn interieurparfums met een ingenieuze installatie waarmee bezoekers zelf een gepersonaliseerde geur kunnen maken. Ook musea zetten geurcomposities in om de kunstbeleving te versterken. Het Rijksmuseum Twente recreëert voor de exposite Marinetti en de Futuristen drie geuren die deze Italiaanse kunstenaars in het Interbellum bedachten voor verschillende bevolkingsgroepen. Het Kunstmuseum in Den Haag simuleert zelfs de geuren van de ateliers van Mondriaan in Den Haag, Parijs en New York. Datzelfde museum maakte van de expositie Escher – Andere wereld een fysieke ervaring met ruimtelijke scenografie van het Vlaamse architectenduo Gijs Van Vaerenbergh die de tekeningen van Escher uit het platte vlak lijken te trekken.

Design als zintuiglijke ervaring – dat moet wel een reactie zijn op de toenemende digitalisering. Hoe fijn is het immers om schermtijd af te wisselen met voelen, luisteren en ook ruiken. Tegelijkertijd wordt dit 'belevingsdesign' ook beïnvloed door ons online bestaan. De immersieve installaties van Nick Verstand lijken op digitale creaties maar dan bevrijd van de beperkingen van muis, scherm en algoritme. De op maat gemaakte soundscapes van Salvador Breed fungeren daarbij als portal. Breed begon met de muziek voor een modeshow van Iris van Herpen maar voorziet inmiddels installaties van ontwerper Jólan van der Wiel en architect Philip Beesley van een passende soundtrack. Ook ontwerper/kunstenaar Thijs Biersteker en DRIFT bieden een sensitieve ervaring van beeld, geluid en fysieke ontspanning. Van sensitief is het vervolgens nog maar een kleine stap naar sensueel: de tentoonstelling Ontworpen liefde in Design Museum Den Bosch. Van stijlvolle seksspeeltjes tot swipen op Tinder – het draait allemaal om de lichamelijke belevenis.

Design is no longer just to use or to look at. You can smell it, too. At the Milan Design Week, design label Moooi introduced their new line of interior perfumes with an ingenious installation that allowed visitors to create their own personalised scent. Museums are also composing scents to enhance the artistic experience. For the Marinetti and the Futurism exhibition, the Rijksmuseum Twente recreated three different scents that these Italian artists developed during the interwar period for different populations. The Kunstmuseum in The Hague even simulated the smell of Mondriaan's studios in The Hague, Paris and New York. That same museum turned the exhibition Escher – Other World into a physical experience with spatial installations by the Flemish architects Gijs Van Vaerenbergh who managed to pull Escher's drawings out of their two-dimensional surface.

Design as a sensory experience – it's clearly a reaction to increasing digitalisation. After all, how nice is it to alternate screen time with feeling, listening or even smelling? At the same time, this 'experience design' is being influenced by our online existence. Nick Verstand's immersive installations resemble digital creations, but freed from the limitations of a mouse, screen and algorithm. And Salvador Breed's tailor-made soundscapes serve as a portal to the experience. Breed got his start creating music for an Iris van Herpen fashion show, but now provides custom soundtracks for installations by designer Jólan van der Wiel and architect Philip Beesley. Designer/artist Thijs Biersteker and DRIFT also provide a sensitive experience that combines imagery, sound and physical relaxation. The Designed Love exhibition at Museum Den Bosch shows that there's only a short distance between sensitive and sensual. From stylish sex toys to swiping on Tinder, it's all about the bodily experience.

Weaving gets a digital update

Het heeft bijna vijfduizend jaar geduurd maar eindelijk is het gelukt om driedimensionale weefsels te maken. Textielontwerper Aleksandra Gaca zoekt de balans tussen het eeuwenoude ambacht en cutting-edge technologie die ze toepaste in wandbekleding voor de nieuwe raadszaal in het Groningse gemeentehuis. Dat kreeg een fijn reliëf door verschillende garens over elkaar te weven. Stoffenproducent Byborre tilt breien naar een hoger plan met BYBORRE Create™, een toegankelijke app waarmee iedereen niet alleen eigen stoffen kan ontwerpen, maar deze ook meteen kan laten breien. Naast schering en inslag introduceert ontwerper Hella Jongerius de 'wix', een techniek waarbij een weefsel uiteen wordt getrokken tot een ruimtelijke constructie. Ook jonge talenten als Sonjin Lee (Rietveld Academie 2023) en Giulia Tugnolo (Maastricht Institute of Arts 2023) experimenteren met 3D-weefsels, die zowel ambachtelijk als industrieel ogen.

Een brug tussen digitale technieken en klassieke weeftechnieken slaan textielontwerper Aliki van der Kruijs en wiskundige én ontwerper Jos Klarenbeek. Met zelfontwikkelde software vertalen zij de beweging van de zee naar een steeds veranderend weefpatroon. En zelfs de verhalende traditie van het wandkleed krijgt een digitale update. Sampat Studio, het Nederlands-Maleisische ontwerpduo Marcos Kueh en Isabelle Nair-Lacheta, verbeeldt de eigen culturele identiteit op een kleed met eigentijdse interpretaties van de mythologische vrouwelijke krijger. Via Augmented Reality worden nieuwe lagen van het verhaal onthuld.

It took nearly five thousand years, but it's finally possible to make three-dimensional fabric. Textile designer Aleksandra Gaca seamlessly blends age-old craftsmanship with cutting-edge technology, exemplified in her creation of wall covering for Groningen City Hall's new council chamber. This resulted in an intricate relief by weaving types of yarn over each other. Fabric manufacturer Byborre is taking knitting to a higher level with BYBORRE Create™, an easy-to-use app that gives anyone the ability to design their own fabric, as well as immediately produce it. Alongside warp and weft, designer Hella Jongerius has introduced the 'wix', a technique that pulls fabric apart to make a spatial construction. Young talents like Sonjin Lee (Rietveld Academy 2023) and Giulia Tugnolo (Maastricht Institute of Arts 2023) are also experimenting with 3D fabrics that look both artisanal and industrial at the same time.

Textile designer Aliki van der Kruijs and mathematician and designer Jos Klarenbeek have built a bridge between digital and classical weaving techniques. Using self-designed software, they translate the movements of the ocean into an ever-changing weaving pattern. Even the narrative tradition of tapestries is getting a digital update. Consisting of Dutch-Malaysian design duo Marcos Kueh and Isabelle Nair-Lacheta, Sampat Studio creates textiles with modern interpretations of the mythological female warrior to portray their cultural identity. New layers of the story can be revealed using Augmented Reality.

Boring Efficiency, Sojin Lee
Photography: Sojin Lee

ONDO, 3D woven textile, Casalis collection Acoustics, Aleksandra Gaca
Photography: Aleksandra Gaca

ONDO, 3D woven textile, Casalis collection Acoustics, Aleksandra Gaca
Photography: Sjoerd van der Hucht

Private Jet, 2023, G-star x Maarten Baas
Photography: G-Star RAW

THE NEW STIJL, 2022
Photography: ...,staat & THE NEW STIJL

Dunes, 2023, Olivier van Herpt
Photography: Olivier van Herpt

Dutch design goes global

Zou het iets te maken met het verschijnen van het vuistdikke boek THE NEW STIJL dat de internationale schijnwerpers zette op het Nederlands ontwerp? Of waren deze vijftig portretten van de captains of the creative industry vooral een bezegeling van dit internationale succes? Hoe dan ook, Nederlandse ontwerpers worden ingelijfd door global brands. Sabine Marcelis lanceert een eigen IKEA-collectie en een remake van de Renault Twingo; de conceptcar geldt als heilige graal onder ontwerpers. Marcelis is niet de enige – Maarten Baas steelt met zijn vliegtuig van gerecyclede denim voor G-Star de show op de Milan Design Week. Iris van Herpen ontwerpt een van de pronkjurken van Beyoncé op haar Renaissance World Tour. En de drones van DRIFT vliegen in formatie op de bedrijfsfeestjes van Tesla, BMW of NASA (met muziek van Duran Duran!).

Does the global spotlight on Dutch design have something to do with the publication of the extra-large book THE NEW STIJL? Or do these 50 portraits of the captains of the creative industry simply reinforce their international success? Either way, Dutch designers are being recruited by global brands. This year, Sabine Marcelis launched an IKEA collection and a remake of the Renault Twingo; the concept car is considered the holy grail among designers. And Marcelis isn't the only one – Maarten Baas stole the show at Milan Design Week with the plane he made from recycled denim for G-Star. Iris van Herpen designed one of the most eye-catching dresses for Beyoncé's Renaissance World Tour. And DRIFT's drones are flying in formation at corporate events for Tesla, BMW and NASA (with music by Duran Duran!).

DIY design as an act of resistance

Steeds meer – vooral jonge – ontwerpers experimenteren met kleinschalige en lokale productie. Ze reageren daarmee op digitalisering, globalisering en de milieucrisis. Nienke Hoogvliet vindt met kleurpigmenten van algen een alternatief voor synthetische verf van fossiele grondstoffen. Olivier van Herpt ontwikkelt een 3D-printer om in eigen beheer ragfijne vazen te maken van porselein, die uitgebreid zijn te zien in het Kunstmuseum, Den Haag. Jelle Seegers wint de Kazerne Design Award met zijn eenmansfabriek Solar Metal Smelter. Deze reusachtige lens bundelt zonlicht, waarna Seegers met de opgewekte hitte ijzer smelt om zo weer nieuwe gereedschappen te smeden. Niet alleen het product wordt ontworpen maar ook de machine – en die is verbluffend low tech. Het meest extreem wordt deze autonomie doorgevoerd door Thomas Twaites, die tijdens zijn residentie in Artis een gezinsauto ontwikkelt die onschadelijk is voor mens en natuur. Deze lichtgewicht Harmless Car is gemaakt van boomtakken en heeft een schone waterstofmotor. Doe-het-zelf design als daad van verzet tegen een ontwrichtend productiesysteem van uitbuiting en verspilling.

More and more designers – especially young ones – are experimenting with small-scale and local production in response to digitalisation, globalisation and the climate crisis. Using colour pigments from algae, Nienke Hoogvliet found an alternative to synthetic paint made from fossil fuels. Olivier van Herpt developed a 3D printer that allows him to create extremely delicate porcelain vases; they were in full display this year at the Kunstmuseum in The Hague. Jelle Seegers won the Kazerne Design Award with his one-man factory Solar Metal Smelter. This massive lens focuses sunlight, generating heat that allows Seegers to melt iron and forge new tools. So not only products are designed, but also the machine – and it's astonishingly low tech. This level of autonomy was taken to the extreme by Thomas Thwaites, who developed a family car that causes no harm to humans or nature during his residency at Artis. His lightweight Harmless Car is made from tree branches and features a clean, hydrogen-powered engine. It's a clear example of do-it-yourself design as an act of resistance against a disruptive production system built on exploitation and waste.

Nature gets a say

De aarde en biosfeer zijn niet langer een onuitputtelijke bron van grondstoffen. Bij BlueCity Lab in Rotterdam weten ze dat weliswaar al lang maar ze blijven onderzoeken en investeren in een groene toekomst. Het Symbiosis Symposium is dé jaarlijkse ontmoetingsplek voor iedereen die zich bezighoudt met de circulaire economie. Het Futurologisch Symposium dat werd georganiseerd ter gelegenheid van het 50-jarige bestaan van de kunstenaarskolonie Ruigoord stond zelfs geheel in het teken van het Symbioceen, het nieuwe tijdperk waarin mens, natuur en technologie samen een nieuwe balans creëren. Bedenker en milieufilosoof Glenn Albrecht kwam het hoogstpersoonlijk toelichten in Amsterdam.

Ook individuele ontwerpers en pioniers zoeken naar natuur-inclusieve oplossingen. De BAD Awards belonen jaarlijks drie teams van wetenschappers, kunstenaars en ontwerpers met 25 duizend euro voor onderzoeksprojecten waarin design, kunst, technologie en natuur zijn geïntegreerd. Een van de teams buigt zich over landbouw in de ruimte. Meer bescheiden in schaal zijn de 3D-geprinte vogelnesten van biologische materialen van Omlab. De impact kan niettemin groot zijn als de hele bouwketen zijn verantwoordelijkheid neemt; vandaar de nominatie in de categorie Product bij de Dutch Design Awards.

Nog beter zou het zijn als de aarde voor zichzelf op kan komen. Plantiarchy is de eerste expositie van het Nederlandse kunst- en designcollectief Sunflower Soup. In kunstcentrum Marres in Maastricht is een fictief en fantasievol landschap gecreëerd waarin planten vrij woekerend de dienst uitmaken – inclusief activistische spandoeken en anarchistische interventies in het gebouw. De Ambassade van de Noordzee geeft al jarenlang letterlijk 'een stem' aan de Noordzee door het juridisch systeem – bij uitstek ontworpen voor de mens – open te breken voor de rechten van de natuur. Hun Moot Court in het Vredespaleis in Den Haag fungeert als een oefenrechtbank waarin de Nederlandse staat door de Noordzee wordt aangeklaagd voor verwaarlozing. Het leverde De Ambassade een nominatie op voor een Dutch Design Award. ●

The earth and our biosphere are no longer an inexhaustible source of raw materials. While that's common knowledge at BlueCity Lab in Rotterdam, they continue to do research and invest in a greener future. The Symbiosis Symposium is the annual gathering place for anyone who's involved in the circular economy. And the Futurological Symposium – organised to mark the 50th anniversary of artists' colony Ruigoord – is entirely dedicated to the Symbiocene, a new era in which people, nature and technology unite to create a new balance. Environmental philosopher Glenn Albrecht – who coined the term Symbiocene – personally explained the concept in Amsterdam.

Individual designers and pioneers are also hunting for nature-inclusive solutions. Every year, the BAD Awards reward three teams of scientists, artists and designers with 25,000 euros for research projects that integrate art, design, technology and nature. One of the teams is focused on agriculture in space. Omlab's 3D-printed bird nests made from biological materials take a more modest approach. Nevertheless, this project can have major impact if the entire construction industry gets on board; hence their nomination for a Dutch Design Award in the Product category.

It would be even better if the earth could stand up for itself. Plantiarchy is the very first exhibition by Dutch art and design collective Sunflower Soup. They created a fictional, imaginative landscape at the Marres art centre in Maastricht that lets plants call the shots – it includes activist banners and anarchistic interventions throughout the building. Similarly, The Embassy of the North Sea gives the sea a literal 'voice' by opening up the legal system – designed specifically for humans – to recognise the rights of nature. Their Moot Court in the Peace Palace in The Hague functions as a practice court, enabling the North Sea to sue the Dutch state for damages. The concept earned the Embassy a nomination for a Dutch Design Award. ●

Moot Court, Peace Palace, The Hague, 2022
Photography: Cleo Campert

3D printed swallow's nests, 2023, Omlab
Photography: Omlab

Plantiarchy exhibition, Marres, Maastricht, 2023, Sunflower Soup
Photography: Gert Jan van Rooij

Drivin
Dutch
D

For more information about Driving Dutch Design, all the Drivers, and their work visit drivingdutchdesign.nl.

We kunnen er niet omheen dat onze fysieke realiteit, de aarde, zich in een zorgwekkende staat bevindt. Daarom zoeken veel ontwerpers juist naar oplossingen die ons in staat stellen om op deze planeet te blijven leven, rekening houdend met de behoeften van alle levende wezens. Zo ook de 21 veelzijdige deelnemers van ons professionaliserings- en netwerkprogramma Driving Dutch Design. De Drivers hebben tien maanden lang niet alleen met volle aandacht en toewijding hun onderneming onder de loep genomen, maar (on)bewust ook zichzelf als wereldverbeteraars.

We cannot escape the fact that our physical reality, the earth, is in a worrying state. That's why many designers are looking for solutions that allow us to keep living on this planet, while also considering the needs of other living things. This includes the 21 versatile participants in our professionalisation and networking programme Driving Dutch Design. For ten months, the Drivers not only scrutinised their business with complete focus and dedication, but also (un)consciously examined their own role as world-changers.

g

esign

Driven to the World

Aniek Bartels

4F.STUDIO

Charis Stephanie Bakker

Joey Verseput

Buikpraat

Studio Corvers

De ene ontwerpstudio werkt op het snijvlak van design en architectuur en houdt zich bezig met complexe vraagstukken rond waterbewustzijn en inclusie. De ander is een interaction designer die een bedrijf voor duurzame schoonmaakproducten begon. Weer een ander is illustrator en ontwerper die met ingrediënten als magisch realisme en humor vrouwenthema's aankaart. Hoe divers ook, de overeenkomst tussen de volgende zes ontwerpers en creatieve studio's is dat ze allemaal meededen aan Driving Dutch Design 2023, het professionaliserings- en netwerkprogramma van de Beroepsorganisatie Nederlandse Ontwerpers (BNO), Dutch Design Foundation (DDF) en Stichting Stokroos. De andere gemene deler is dat deze drivers de wereld beter willen maken en achterlaten. Vanuit het menselijk perspectief, de natuur of de samenwerking tussen mens en natuur.

Words: Viveka van de Vliet

mprove

One design studio is working at the intersection of design and architecture, and focuses on water awareness and inclusion. Another is an interaction designer who started a sustainable cleaning supply company. Yet another is an illustrator and designer who relies on ingredients like magical realism and humour to address women's issues. No matter how different the following six designers and creative studios are, there's one thing they have in common: they all participated in Driving Dutch Design 2023, the professionalisation and networking program powered by the Association of Dutch Designers (BNO), Dutch Design Foundation (DDF) and the Stokroos Foundation. The other thing these drivers share is a desire to leave a better world behind – from the perspective of humans, nature, or a collaboration between the two.

“It’s easier to relate to a hip dog on a scooter with human characteristics or a leopard in pyjamas.”

Photography: Marit De La Vera

Aniek Bartels

Awareness-raising children's illustrations

Aniek Bartels verdiept zich al lang in de wereld van kinderen. Ze maakt dan ook bij voorkeur illustraties voor deze doelgroep, al sluit ze volwassenen niet uit; die vinden kinderboeken en het Jeugdjournaal ook interessant. Ze wil ieders fantasie aanspreken en tekent daarom vaak dieren. "Je kunt je beter verplaatsen in een steppende hippe hond met menselijke kenmerken of een luiaard in een pyjama," zegt ze. Haar illustraties, animaties, kaartspel en eerste uitgegeven kinderboek Vleertje Muis zijn kleurrijk, opzettelijk een beetje uit verhouding en grappig; dat geeft lucht aan vaak moeilijke en complexe onderwerpen.

Aniek's werk heeft dan ook een belangrijke functie: het maakt kinderen op een inspirerende manier bewust van zaken als duurzaamheid, liefde voor de natuur of een gezonde levensstijl. Ook draagt het bij aan hun persoonlijke groei, het vergroten van het zelfvertrouwen en aan het herkennen en leren bespreekbaar maken van complexe gevoelens, zoals eenzaamheid of depressie. Moeilijke onderwerpen ombuigen naar iets moois: 'omdenken voor kinderen', noemt Aniek het. De illustrator verplaatst zich makkelijk in kinderen en put uit eigen ervaringen. "Wat ik vroeger niet geleerd heb, kan ik kinderen nu wel bieden," zegt ze. Ze doelt op bijvoorbeeld het kaartspel dat als effectief praatdocument tussen kinderen en ouders, of opvoeders en leraren, dienstdoet en dat wordt ingezet op kinder-yogastudio's, scholen, bij coaches en oppasadressen.

Via Dutch Design Foundation kwam ze in contact met het Philips Museum, dat onder de aandacht wil brengen wat Philips betekent voor de gezondheidszorg. Het stil moeten liggen onder een MRI-scanner – wat nogal een opgave en een spannende gebeurtenis is voor een kind – nam Aniek als uitgangspunt. Wat maakt hen rustig, vroeg ze zich af, en liet kinderen als uitvinders ideeën bedenken. Ze nam hen spelenderwijs mee in haar ontwerp door hen zelf te laten tekenen. De tekening wordt rondom het kind geprojecteerd zodra die onder de MRI-scan ligt. Dat leidt af. Tijdens Dutch Design Week presenteert Aniek de basisopstelling, een experience die later in het Philips Museum te zien zal zijn.

Aniek Bartels has been exploring the world of children for quite some time. While she prefers to make illustrations for a younger audience, she doesn't exclude adults: they are also interested in children's books and Jeugdjournaal, a Dutch news program for kids. She wants to appeal to everyone's imagination, which is why she often draws animals. "It's easier to relate to a hip dog on a scooter with human characteristics or a leopard in pyjamas," she says. Her illustrations, animations, card game, and first children's book Vleertje Muis (a story about a bat) are colourful, deliberately a bit out of proportion, and funny, bringing levity to often difficult and complex subjects.

Aniek's work therefore has an important function: it makes children aware, in an inspiring way, of matters such as sustainability, love of nature, and a healthy lifestyle. It also contributes to their personal growth, increasing their self-confidence and teaching them to recognise and discuss complex feelings like loneliness and depression. She turns difficult subjects into something beautiful: Aniek calls it 'rethinking for children'. The illustrator easily empathises with children and draws on her own experiences. "I can now offer children what I didn't learn when I was young," she says. She is referring to her card game, for example, which effectively sparks conversations between kids and parents, or educators and teachers, and is being used at yoga studios for kids, in schools, and by coaches and childminders.

Through Dutch Design Foundation she came into contact with the Philips Museum, which aims to draw attention to Philips' significance for healthcare. Holding still in an MRI scanner – quite a challenging and exciting event for a child – was Aniek's starting point. Wondering what would keep them calm, she let children get to work as inventors and come up with ideas. She playfully introduced them to her design by allowing them to draw themselves. The drawing is then projected around the child when they are in the MRI scanner, offering a form of distraction. During Dutch Design Week, Aniek presented the basic set-up; the experience will later be on display at the Philips Museum.

↳ aniekbartels.nl

“We want to create a socially and environmentally inclusive community, offering an alternative vision of the future.”

4F.STUDIO

An alternative future

De locatie past als een handschoen: het duo Kim van den Belt en Joshua Kelly, huist in de oudste tuinbouwschool van Nederland, UNESCO werelderfgoed in het Drentse Frederiksoord. Vanaf 1 oktober mogen ze zich ook de trotse eigenaren noemen van 'hun baby': De Proef, een herstelproject waarvoor ze samen met de provincie Drenthe en bewoners een toekomstplan hebben ontwikkeld. De eens zo beroemde school is overwoekerd en in staat van verval, maar volgens 4F.STUDIO nu al hun grootste succes. "We mobiliseren de gemeenschap," zeggen ze. "Samen met andere creatieven, boeren, vrijwilligers, lokale ondernemers en universiteiten als Rijksuniversiteit Groningen en TU/Eindhoven willen we een ecologische en sociaal inclusieve gemeenschap creëren en een alternatieve toekomst bieden." Dat doen ze door regeneratieve landbouwpraktijken te promoten, speculatieve ontwerpen en educatieve trajecten te ontwikkelen samen met onderwijsinstellingen als Minerva en ArtEZ en betrokkenheid te stimuleren door middel van kunst en cultuur.

"De Proef is een inspirerende experimentele ontmoetingsplek waar gebouwen, mensen en natuur een symbiotische relatie aangaan", zeggen ze gedreven. Dat is geen makkelijke opgave: het gaat hier om maar liefst zeven hectare grond met een arboretum waarin vierhonderd verschillende soorten bomen groeien en 1400 plantensoorten, die ze allemaal moeten onderhouden. Hier laten ze zien dat je het milieu kan beschermen en de kwaliteit van leven voor iedereen kan verbeteren door in harmonie met de natuur te leven.

Kim en Joshua leerden elkaar tijdens de Dutch Design Week in 2019 kennen en hadden zoveel raakvlakken dat ze besloten samen een bedrijf te beginnen: 4F.STUDIO, een toekomstgerichte ontwerppraktijk die natuur en technologie combineert. Joshua is geïnteresseerd in technologie, natuur en onderzoek. Zo ontwikkelde hij het Phenotyping systeem dat plantkenmerk-identificatie versnelt via gedetailleerde beelden. Het zorgt voor snellere en preciezere gewasverbetering. Kim houdt zich veelal bezig met voedselvraagstukken. Naast betaalde opdrachten werken ze aan hun Microbial Garden, waarbij ze samen met academische instellingen zoeken naar duurzame en kosteneffectieve oplossingen voor voedselproductie.

The location fits like a glove: Design duo Kim van den Belt and Joshua Kelly are housed in Netherlands' oldest horticultural school, a UNESCO World Heritage Site in Frederiksoord, Drenthe. As of October 1st, they also became the proud owners of their 'baby': De Proef ('the experiment'), a restoration project with a plan for the future developed in collaboration with the province of Drenthe and local residents. The once renowned school is currently overgrown and in a state of disrepair, but according to 4F.STUDIO, it's already their greatest success. "We're mobilizing the community," they say. "Together with other creatives, farmers, volunteers, local entrepreneurs, and universities like the University of Groningen and the Eindhoven University of Technology, we want to create a socially and environmentally inclusive community, offering an alternative vision of the future." They are doing so by promoting regenerative agricultural practices, developing speculative designs and educational programmes with institutions like Minerva and ArtEZ, and using art and culture to encourage involvement.

"De Proef is an inspiring, experimental gathering place where buildings, people and nature are engaging in a symbiotic relationship," they enthusiastically explain. And that's no easy task: they are dealing with at least seven hectares of land with an arboretum with 400 different varieties of trees and a total of 1400 plant species, all of which need to be maintained. As a result, they are demonstrating that you can protect the environment and improve everyone's quality of life by living in harmony with nature.

Kim and Joshua first met during Dutch Design Week in 2019. They had so much in common they decided to start a business together: 4F.STUDIO, a forward-thinking design practice that brings together nature and technology. Joshua is interested in technology, nature, and research. He developed a phenotyping system, for example, that uses detailed images to accelerate the identification of plant characteristics, ensuring faster and more precise crop improvement. Kim is often focused on food-related issues. In addition to paid assignments, they are also working on their Microbial Garden, where they work with academic institutions to find sustainable and cost-effective solutions for food production.

↳ **4f.studio**

"If I can make a difference by helping change existing systems, I'll do it."

Photography: Studio Levien

Charis Stephanie Bakker

Illustrating systemic change

Dat Charis Bakker een cinematografisch oog heeft, blijkt uit haar werk als illustrator en ontwerper. Inspiratie haalt ze uit films, maar ook uit kunst, strips, journalistiek en animaties die ze mixt met magisch realisme en humor. Charis studeerde filmwetenschappen en daarna productontwerp aan de Design Academy Eindhoven en liep stage bij Noa Verhofstad, die setontwerpen en productpresentaties ontwikkelt voor merken als Vlisco en Hermès. "De surrealistische sets, etalages en droomwerelden die zij creëert, heb ik meegenomen in mijn praktijk," zegt ze. Zo heeft Charis voor ongeveer dertig Netflix-films en -series getekend, waaronder een moderne Alice in Wonderland-scene voor The Queen's Gambit en een surrealistische onderwaterwereld met jellyfish-tafels voor de winkel van een Nederlandse sieraadontwerper.

In haar werk vormen vrouwenthema's de grootste drijfveer en inspiratie. Haar motivatie is gebaseerd op haar persoonlijke ervaring van straatbedreiging, een situatie waarmee helaas veel jonge vrouwen te maken krijgen. Vaak uit zich dat in zelfgeïnitieerde, activistische projecten, zoals motion graphics met 'Stop Femicide' of affiches voor de Internationale Vrouwendag. Charis zou zulk werk graag in opdracht doen; tot nu toe bracht ze haar posters onder de aandacht door ze wild te plakken in de stad. "Met mijn creativiteit kan ik problemen onder de aandacht brengen. Als ik iets kan teweegbrengen door de bestaande systemen te helpen veranderen, dan doe ik het," zegt Charis strijdlustig.

Haar oproep tot verandering uit zich ook in haar langlopende project: de graphic novel getiteld De Rode Schoenen. De titel symboliseert femicide en verwijst naar de zeventig rode hakken die in 2021 op De Dam in Amsterdam werden geplaatst: één voor elke Turkse vrouw die er geen meer kan dragen omdat ze is vermoord. "In films is het de normaalste zaak dat vrouwen worden afgeslacht, alsof het entertainment is. Ik wil dit taboeonderwerp visualiseren in een sprookje."

Charis Bakker's cinematic eye is apparent in her work as an illustrator and designer. She is inspired by films, but also by art, comics, journalism, and animations, which she blends with magical realism and humour. Charis first studied film science and later product design at the Design Academy Eindhoven. She also did an internship with Noa Verhofstad, who develops set designs and product presentations for brands like Vlisco and Hermès. "I've incorporated the surreal sets, window displays, and dream worlds that she created into my own practice," she says. Charis has drawn scenes from about thirty Netflix movies and TV shows, including a modern Alice in Wonderland scene from The Queen's Gambit and a surreal underwater world with jellyfish tables for a Dutch jewellery designer's store.

However, women's themes provide the greatest impetus and inspiration for her work. She is motivated by her personal experience of street harassment, a situation that many young women unfortunately face. These themes often manifest themselves in self-initiated activist projects, like motion graphics proclaiming 'Stop Femicide' or posters for International Women's Day. Charis hopes to be commissioned for work like this; until now, she has got exposure for her posters with guerilla marketing – flyposting them around the city herself. "With my creativity, I can draw attention to issues. If I can make a difference by helping change existing systems, I'll do it", Charis says with conviction.

Her plea for change is also reflected in her long-term project: a graphic novel entitled De Rode Schoenen 'The Red Shoes'. The title symbolises femicide and refers to the seventy red high-heeled shoes placed on Dam Square in Amsterdam in 2021 – one for each of the Turkish women who could no longer wear them because she had been murdered. "In films, it's completely normal for women to be slaughtered, as if it's just entertainment. I want to visualise this taboo subject in the form of a fairy tale."

↳ charisstephanie.com

"Lots of manufacturers call themselves sustainable when all they do is recycle the packaging. We're actually focused on using less."

Joey Verseput

Cleaning without killing the planet

Waarom begint een aan de Hogeschool voor de Kunsten in Utrecht afgestudeerd interaction designer een bedrijf voor duurzame schoonmaakproducten? Joey Verseput leerde tijdens zijn studie nadenken over de manier waarop mensen producten in de fysieke en digitale wereld gebruiken en met elkaar interacteren. Voor zijn afstuderen onderzocht hij hoe ontwerpers daar invloed op hebben via marketing, bijvoorbeeld door een groen logo op een gerecyclede verpakking te plaatsen. "Consumenten denken vaak: dat moet dan wel een goed product zijn. Dat is misleiding eerste klas," meent Joey.

Toen hij tijdens zijn studie als freelancer werkte, kwam hij Bert Groen tegen, die bij hem het idee introduceerde voor ZO, een duurzaam schoonmaakmiddel. Joey hoefde niet lang na te denken. "Het is misschien geen sexy onderwerp, maar dat is juist de uitdaging: een aantrekkelijker verpakking creëren dan je in de supermarkt ziet en tegelijk het product leuker en milieuvriendelijker maken."

"Veel fabrikanten noemen zich duurzaam als ze alleen de verpakking recyclen, wij denken juist aan minder gebruik," zegt hij. ZO Schoon gebruikt concentraten die je uit een navulzak in de for ever bottle giet en aanvult met negentig procent koud water. Er zijn vier type reinigers waarmee je het hele huis kunt schoonmaken. De synthetische parfums zijn vervangen door etherische oliën en de handdoek en theedoek zijn duurzaam gemaakt in Nederland door mensen met een afstand tot de arbeidsmarkt. ZO mag zich honderd procent natuurlijk noemen en is daarom het eerste duurzame schoonmaakmerk van Nederland.

Het groeiende succes komt niet aanwaaien. Het is het resultaat van hard werken sinds de startup drie jaar geleden. Bert Groen (organisatie en verkoop), Arjen de Ruiter (kwaliteit en logistiek) en Joey Verseput (creative director) vullen elkaar perfect aan. Joey was eindverantwoordelijk voor het ontwerp, de copy, vormgeving en fotografie en fungeert soms ook als telefonist die de klantenservice bestiert. Samen hebben ze de recepturen ontwikkeld en getest met consumenten. Het bedrijf bestaat nu uit zes medewerkers en gaat richting winstgevendheid. De strategie is om eerst online te groeien, de droom is in de schappen van supermarkten te staan.

Why would an interaction designer with a degree from the HKU University of the Arts in Utrecht start a business making sustainable cleaning products? During his studies, Joey Verseput was taught to consider how people use products in the physical and digital world, and how they interact with each other. For his graduation project, he investigated how designers use marketing to influence this behaviour, by putting a green logo on recycled packaging, for example. "Consumers often think: oh, that must be a good product. But it's first-rate deception," Joey says.

While working as a freelancer during his studies, he met Bert Groen, who introduced him to the idea of ZO, a sustainable cleaning product. Joey didn't need to think twice. "It might not be a sexy topic, but that's precisely the challenge: creating packaging that's more appealing than what you see in the supermarket, plus making the product better and more environmentally friendly at the same time."

"Lots of manufacturers call themselves sustainable when all they do is recycle the packaging. We're actually focused on using less," he explains. ZO Schoon ('so clean') uses concentrates that you pour from a refill pouch into their 'forever bottle', and then dilute with ninety per cent cold water. They offer four types of cleaners – enough to clean your entire house. They have replaced synthetic perfumes with essential oils and the towels they sell are sustainably made in the Netherlands by people with limited employment opportunities. ZO is one hundred per cent natural, making it the Netherlands' very first truly sustainable cleaning brand.

The company's growing success is no accident – it is the result of hard work from the moment they started three years ago. Bert Groen (organisation and sales), Arjen de Ruiter (quality control and logistics) and Joey Verseput (creative director) are a perfect match. Joey is responsible for the design, copy, styling, and photography, and sometimes picks up the phone to take charge of customer service. They all worked together to develop the recipe and test it with consumers. The company now consists of six employees, and they are nearing profitability. Their strategy is to grow online first, but their dream is to eventually be on supermarket shelves.

↳ zoschoon.nl

Photography: Sanja Marusic

"We believe in learning by doing: if something becomes a habit, behavioural change follows."

Buikpraat

The first thousand days

De meeste social designers bedenken oplossingen voor maatschappelijke problemen. Olga van Lingen en Lotte Jonkergouw willen de problemen juist voor zijn door zich te richten op de eerste duizend dagen van een kind. Zij zijn de oprichters van Buikpraat, een onderzoeks- en ontwerpbureau dat een positieve impact wil hebben op het leven en de toekomst van ouders en kinderen. Over die cruciale eerste duizend dagen, over opvoeden en opgroeien, is veel wetenschappelijk onderzoek beschikbaar. Alleen weten wetenschappers die kennis lang niet altijd bij de belangrijkste doelgroep terecht te laten komen: de ouders. Op hun beurt weten ouders de informatie niet goed te vinden of weten ze niet hoe ze die kunnen toepassen in het dagelijks leven.

Dat is zonde, menen Olga en Lotte. Dus besloten ze in dit gat te springen en een brug te slaan tussen wetenschap en praktijk. Ze verenigen ouders, (mede-)opvoeders, verloskundigen, consultatiebureaus, kinderdagverblijven en andere organisaties, pedagogen en familieleden via het platform Buikpraat, waar iedereen van elkaars kennis en ervaringen kan leren. Buikpraat vertaalt de wetenschappelijke kennis onder andere naar een informatieve app met praktische opdrachten rond zeven hoofdthema's, variërend van voeding tot spelend leren. De thema's zijn gekozen op basis van kwalitatief onderzoek onder moeders van verschillende achtergronden, literatuurstudies en interviews met wetenschappers en professionals. Ook gebruikt Buikpraat methodes uit het social designvakgebied zoals contextmapping en co-creatie workshops. "Wij zetten theorie om in oefeningen. We geloven in leren door te doen: als iets een gewoonte wordt, volgt gedragsverandering," zeggen ze. "De oefeningen zijn positief, want dat misten we; wie in verwachting is, ervaart dat het vooral gaat over wat allemaal niet mag en kan."

In 2020 richtte Buikpraat een stichting op. Met subsidie van OC&W konden Olga en Lotte twee jaar werken aan onderzoek over taalontwikkeling. Ze zijn intussen experts op dit gebied. Taal helpt een kind zich veilig te voelen waardoor het de wereld wil ontdekken en zich kan ontwikkelen. Het leervermogen kun je echter niet los zien van de context, weten de social designers. Niet iedereen heeft immers gelijke kansen. Om de producten en diensten te laten aansluiten bij de behoeften van alle mogelijke gebruikers, werken ze samen met diverse doelgroepen – van ouders met een traumatische migratieachtergrond tot tienermoeders.

Most social designers devise solutions for social problems. Olga van Lingen and Lotte Jonkergouw want to prevent problems before they start by focusing on a child's first thousand days. As the founders of Buikpraat ('belly talk'), a research and design agency, they aim to positively impact the lives and futures of parents and children. There is already a wealth of scientific research available about children's growth and parenting in those crucial first thousand days. However, scientists often don't always know how to pass that knowledge on to the most important audience: parents. In turn, parents aren't certain where to find the information or don't know how to apply it in their daily lives.

That's a shame, thought Olga and Lotte, so they decided to take a leap and bridge the gap between science and practice. They bring parents, educators, midwives, clinics, childcare centres, and other organisations, academics, and family members together on the Buikpraat platform, where everyone can learn from each other's knowledge and experience. Among other things, Buikpraat transforms scientific insights into an informative app with practical assignments related to seven key themes, ranging from nutrition to playful learning. The themes were selected based on qualitative research conducted with mothers from different backgrounds, literature reviews, and interviews with scientists and other professionals. Buikpraat also uses methods from the field of social design, such as context mapping and co-creation workshops. "We turn theory into practical exercises. We believe in learning by doing: if something becomes a habit, behavioural change follows," they say. "The exercises are positive, because that's something we were missing; when someone is expecting, they are mainly told what isn't possible or isn't allowed.

Buikpraat set up a non-profit foundation in 2020. With a grant from OC&W, Olga and Lotte were able to spend two years researching language development and are now experts in the field. Language helps children feel safe, which makes them want to explore the world and enables their development. However, the social designers know that learning ability can't be separated from context; not everyone has access to the same opportunities. To ensure their products and services meet the needs of all their potential users, they collaborate with a wide range of audiences – from parents with a traumatic migrant background to teenage mothers.

↳ buikpraat.nl

“We want to spark a desire for a better world.”

Photography: Boudewijn Bollmann

Studio Corvers

Shaping the new standard

Een droomopdracht en een mooie kans om te laten zien wat ze kunnen: de broers Joost en Wouter Corvers van Studio Corvers verzorgen het ruimtelijk ontwerp van de overzichtstentoonstelling van de Embassy of Water tijdens Dutch Design Week op het Stadhuisplein. Een opdracht met veel vrijheid waarin de passies en geliefde thema's van dit maatschappelijk geëngageerde duo samenkomen. "We maken een scenografische installatie met een waterbar die de waterkringloop illustreert en de gespecialiseerde kennis van de deelnemende organisaties inzichtelijk en toegankelijk maakt," vertellen ze. "Door de waterkringloop uit te leggen, mensen te betrekken bij het systeem en verhalen te vertellen over wat de toekomst zou kunnen brengen, willen we het verlangen naar een nieuwe wereld opwekken."

Studio Corvers werkt aan complexe actuele vraagstukken rond waterbewustzijn en inclusie. In hun concepten, onderzoek en ruimtelijke ontwerpen op het snijvlak van design en architectuur, staan de menselijke maat en de zintuiglijke beleving van de gebruiker centraal. Steeds vaker weten organisaties zoals de Provincie Noord-Brabant, de Gemeente en BrainPort Eindhoven Studio Corvers te vinden voor projecten die precies aansluiten bij deze expertise. Zo benaderde de wethouder Gezondheid, Talentontwikkeling en Data van Den Bosch hen met het verzoek om de toegankelijkheid van de openbare ruimte in de stad te verbeteren. Studio Corvers voerde ontwerpend onderzoek uit, organiseerde buurtbijeenkomsten en ontwikkelde het project Stemmenhoorders: luisterpalen die Bosschenaren aanmoedigen om daaraan bij te dragen.

Wouter Corvers richtte al in 2011 Studio Corvers op, lang voordat hij afstudeerde aan de Design Academy in Eindhoven. Hij kon broer Joost, met een bachelor Architectuur en Interieur aan de Academy of Architecture Maastricht en een master Interieurarchitectuur, uitstekend gebruiken als technisch tekenaar. Ze bleken elkaar goed aan te vullen en konden samen aan grotere projecten werken. Wouter bedenkt concepten en verhalende ontwerpen, Joost richt zich op vormgeving, materiaalgebruik en detaillering en is geïnteresseerd in ondernemen. Ze hebben de ambitie ook buiten de regio bekender te worden. Een opdracht voor de gemeente Amsterdam, het Stedelijk Museum of de Rijksbouwmeester, dat zien ze wel zitten.

It was a dream assignment and the perfect opportunity to prove what they can do: during Dutch Design Week, brothers Joost and Wouter Corvers of Studio Corvers were responsible for the spatial design of the Embassy of Water's retrospective exhibition on Eindhoven's Stadhuisplein. The assignment came with lots of freedom, enabling the socially engaged pair's passions and favourite themes to come together. "We created a theatrical installation with a water bar that illustrates the water cycle and makes the specialised expertise of the participating organisations more comprehensible and accessible," they say. "By explaining the water cycle, involving people in the system and telling stories about what the future might hold, we want to spark a desire for a better world."

Studio Corvers works on complex contemporary issues related to water awareness and inclusion. With their concepts, research, and spatial designs at the intersection of design and architecture, the human dimension and user's sensory experience play a central role. Organisations like the Province of North Brabant, the municipality of Eindhoven and BrainPort are increasingly reaching out to Studio Corvers for projects that precisely align with this expertise. For example, they were approached by the councillor of Health, Talent Development and Data from Den Bosch with a request to improve the accessibility of public space in the city. Studio Corvers conducted design research, organised neighbourhood meetings, and developed the Stemmenhoorders ('voice hearing') project: listening poles that encouraged the residents of Den Bosch to get involved.

Wouter Corvers set up Studio Corvers in 2011, well before he graduated from the Design Academy in Eindhoven. He put his brother Joost, with a Bachelor's in Architecture and Interior from the Academy of Architecture Maastricht, as well as a Master's in Interior Architecture, to work as a technical draftsman. Their skills seemed to complement each other, and together, they could take on larger projects. Wouter comes up with concepts and narrative designs, while Joost focuses on design, material use and detailing, and is also interested in entrepreneurship. They aspire to become better known outside their region, and hope to land assignments for organisations like Gemeente Amsterdam, Stedelijk Museum, or the Rijksbouwmeester (the Chief Architect of the Netherlands).

↳ studiocorvers.com

In the Cloud

Images: Karel Martens
Words: Barbara van Santen

S

Geïnspireerd door de analoge punten die worden gebruikt om halftoon-kleurvlakken te creëren, schept Karel Martens abstracte werelden van geometrische pictogrammen. Van een afstand ontwaar je pioenrozen en schilderachtige luchten bezaaid met wollige schapenwolken. Van dichtbij zie je een zorgvuldig gecomponeerd netwerk van patronen en systemen. Het afgelopen jaar toonde aan hoe precies déze dualiteit tussen natuur en technologie langzaam begon te vervagen. Hoe staat de wereld er over een jaar bij? Alleen de tijd zal het leren.

Inspired by the analogue dots used to create halftone colour planes, Karel Martens creates abstract worlds out of geometric pictograms. From a distance, you might detect peonies and picturesque skies peppered with fluffy clouds. Up close, you'll notice a carefully composed network of patterns and systems. Over the past year, it became evident that this duality between nature and technology was gradually fading. What will the world look like a year from now? Only time will tell.

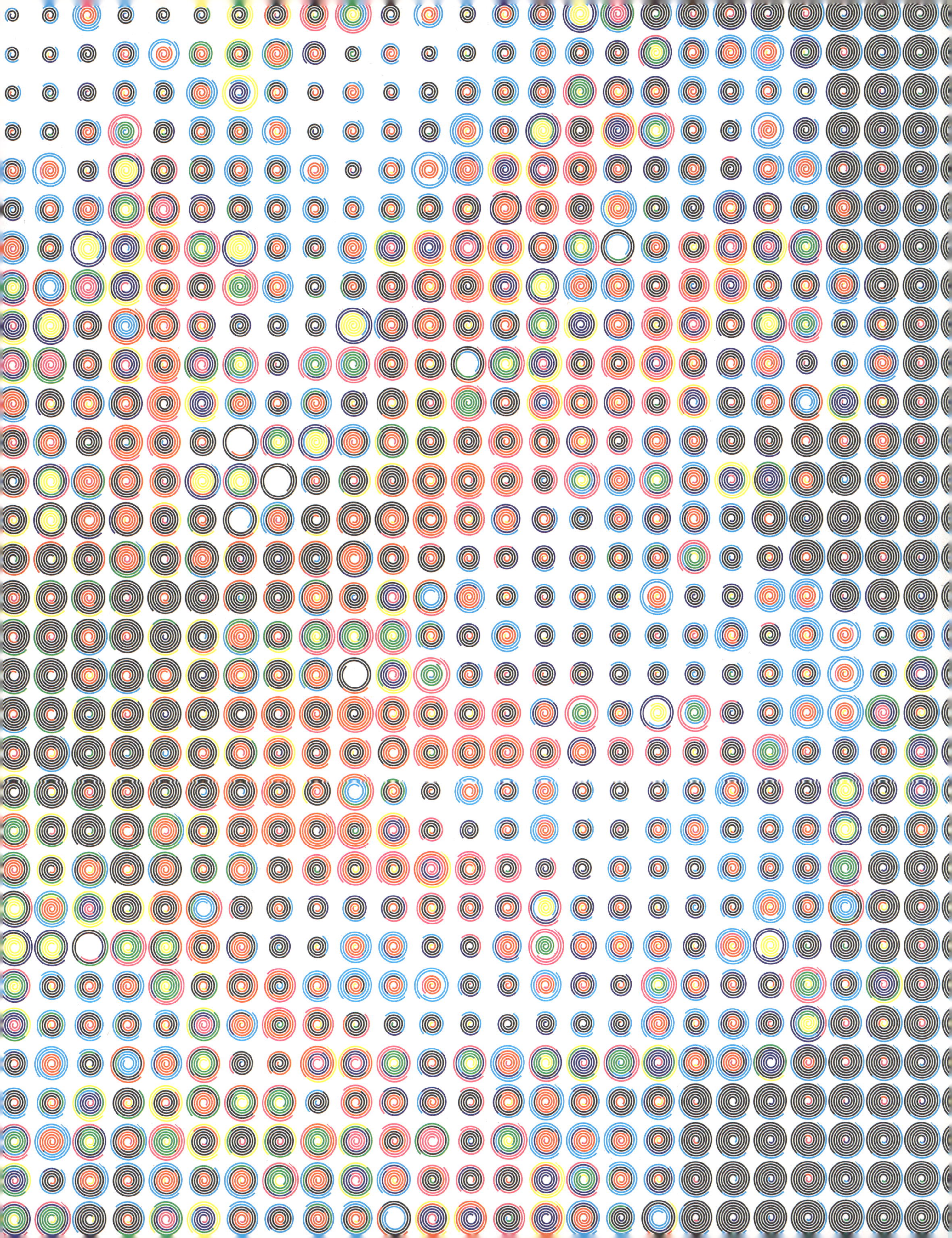

Index Credits

’23 ’24

#

...,staat, p. 154-155
(ink)., p. 53
4F.STUDIO, p. 22, 31, 160, 164-165

A

Ababe, Abraham, p. 64
Academy Minerva, Groningen, p. 78
ACE, p. 148-149
ADC Awards, p. 129
affect lab, p. 148-149
Albrecht, Glenn, p. 156
Almeida, Léo Nunes, p. 60-61, 83
Amsterdamprijs voor de Kunst, p. 129
Arcadia, p. 110-110, 118
Architectenweb Awards, p. 109
ArtEZ University of the Arts, Arnhem, p. 69, 77
ArtEZ University of the Arts, Enschede, p. 66
ArtEZ University of the Arts, Zwolle, p. 72, 79
Artificial Intelligence (AI), p. 133, 148-149
Artis, p. 155
Audi, p. 116, 119
Augmented Reality (AR), p. 141, 143, 152

B

Baas, Maarten, p. 154-155
BAD Awards, p. 89, 105, 109, 156
Bakker, Charis Stephanie, p. 160, 166-167
Bakker, Lisa, p. 72
Bartels, Aniek, p. 160, 162-163
Beesley, Philip, p. 151
Belt, Kim van den, p. 22, 31, 160, 164-165
Ben-Ami, Shai, p. 60-61, 68
Best Verzorgde Boeken, p. 92, 98
Better Than Life, p. 24, 31
Beyoncé, p. 155
Biersteker, Thijs, p. 151
bitcoin, p. 144
BlowUp Art, p. 146-147
Blue City Lab, p. 156
BNO Piet Zwart Prijs, p. 36-37, 47, 112, 118
Boender, Chris, p. 74
Botschuijver, Theo, p. 147
Bouts, Fanja, p. 60-61, 67
Brach, Christoph, p. 49
Breed, Salvador, p. 151
Brouwer, Pieter, p. 79
Bubble Games Consortium, p. 134-135, 139
Buijs, Simon, p. 49
Buikpraat, p. 160, 170-171
Byborre, p. 152

C

Catterall, Elise, p. 16-17
ChatGPT, p. 48, 53, 55-57
City of Leeuwarden, p. 110-111, 118
Civic Architects, p. 106-107, 109
Clarify, p. 56
CLEVER°FRANKE, p. 93, 98
CLICKNL, p. 143
Clt.Alt.Img, p. 148-149
Collectief Soepel, p. 54
Communication Arts Design Awards, p. 129
Communication Arts Typography Awards, p. 129
Coppens, Rolf, p. 50
Corvers, Joost, p. 160, 172-173
Corvers, Wouter, p. 160, 172-173

D

D&AD Awards, p. 98, 108, 119, 129
Daal, Lilian van, p. 25, 32
Daemen, Celine, p. 143
DALL·E, p.49, 56-57, 148
De Twee Snoeken, p. 29, 33
DEPT®, p. 116,119, 124-125, 129
Design Academy Eindhoven, p. 63, 65, 68, 83-84
Design Museum Dedel, p. 143
Design Museum Den Bosch, p. 143, 150-151, 189
Design Museum Gent, p. 143
DesignDigger LIVE, p. 148
Designprijs Noord-Brabant, p. 123, 128
Digital art, p. 144
Dijksterhuis, Edo, p. 34-47, 184
DIY, p. 155
Djie, Pao Lien, p. 86-139, 184
Dr. A.H. Heinekenprijs, p. 118
Driessens & Verstappen, p. 145
DRIFT, p. 151, 155
Driving Dutch Design, p. 158-159
Duran Duran, p. 155
Dutch Creativity Awards, p. 135, 139
Dutch Design Awards, p. 90-91, 93, 98, 101, 102-103, 108, 110-111, 113, 118, 126-127, 129, 148, 156
Dutch Design Foundation (DDF), p. 160-161
Dutch Design Week (DDW), p. 143, 147-148, 163, 165, 173
Dutch Game Awards, p. 96, 99

E

Effenaar, p. 134-135, 139
Ekstasis, p. 144-145
Emergence Magazine, p. 139
Enebeis, Liza, p. 124-125
Escher, M.C., p. 150-151
European Carton Excellence Awards, p. 121, 128
European Design Awards, p. 120, 124-125, 128-129, 139, 186
Eye Filmmuseum, 132-133, 138

F

Faassen, Paul, p. 147
Fabrique, p. 135, 139
Felen, Tetske, p. 70
Felix Meritis, p. 148
Fila, Djenné, p. 88, 114-115, 119
Film Catcher, p. 132-133, 138
FLEX/design, p. 97, 99
Fonkeling, p. 134-135, 139
Frame Awards, p. 100, 106-109
Friet met mayonaise, p. 41
Friso, Wouter, p. 51
Future Journalism Today, p. 55
Futurological Symposium, p. 156

G

G-Star, p. 154-155
Gaca, Aleksandra, cover, p. 27, 32, 152-153, 184
Gerrit Rietveld Acadamy, Amsterdam, p. 67
Gloudemans, Ralf, p. 60-61, 84
Glow, p. 147
GLUE, p. 147
GOGBOT Festival, p. 144
Gouden Penseel, p. 115, 119
Graphic Packaging International, p. 121, 128
GRRR, p. 50
Gunya, p. 142-143

H

H.N. Werkmanprijs, p. 118
Haller Brun, p. 92, 98
Haring, Sophie, p. 62, 71
Haus-Rucker-Co, p. 144
Herbst, Marion, p. 150
Herpen, Iris van, p. 155
Herpt, Olivier van p. 154-155
Hess, Bart, p. 142-143
Het Goede Doelen Fonds, p. 187
Hitachi, p. 150
HKU University of the Arts, Utrecht, p. 74, 81
Hoeckel, Manon van, p. 123, 128
Home(Land), p. 142-143
Hoogland, Nonna, p. 62, 81
Hoogvliet, Nienke, p. 155
Hutchinson, Patrick, p. 80

I
iF Awards, p. 99
Iglesia, Jose Marie Sta, p. 76
IKEA, p. 155
Immersive Experiences (IX), p. 143
Impakt Festival, p. 144
Inktspotprijs, p. 131, 138
It's Nice That, p. 137

J
Jacquemus, p. 100, 108
Janssen, Christel, p. 56
Janssen, Diana, p. 2-3, 184
Jonkergouw, Lotte, p. 160, 170-171
Jung, Juyoung, p. 77
Junte, Jeroen, p. 140-157

K
Kaldenbach, JW, p. 34-47, 184
Kazerne Awards, p. 136, 139, 155
Kelly, Joshua, p. 22, 31, 160, 164-165
Kingma, Carlijn, p. 126, 129
Klarenbeek, Jos, p. 152
Kock, John, p. 94-95
Kruijs, Aliki van der, p. 152
Kueh, Marcos, p. 102-103, 108, 152
Kunstmuseum Den Haag, p. 150-151

L
la-di-da design & architecture, p. 106-107, 109
Land-Ally Foundation, p. 26, 32
Lazin, Flóra, p. 60-61, 75
LB MGMT, p. 134-135, 139
Lee, Sojin, p. 152-153
Lee, Sunjoo, p. 28, 33
Licht, Sanne, p. 60-61, 66
Lichting, p. 104, 109
Lingen, Olga van, p. 160, 170-171
Loaded Ink, p. 52
Lovie Awards, p. 98, 139
Lucasprijs, p. 82
Lyon, Barrett, p. 11, 184

M
Maartense, Josien, p. 121, 128
Maastricht Institute of Arts, p. 85
Mahrah, Yousra Razine, p. 104, 109
Manifestations, p. 148
Marcel Schreuder, p. 95
Marcelis, Sabine, p. 116, 119, 155
Marres, p. 156-157
Martens and Martens, p. 46-47
Martens, Karel, p. 6-7, 8-9, 34-47, 112, 118, 174-179
Meindertsma, Christien, p. 88, 113, 118
Mensvoort, Koert van, p. 6, 8-9, 10-21
Metaverse, p. 143
Midjourney, p. 18-19, 48-49, 55-57, 148
Milan Design Week, p. 151, 155
MissJourney, p. 148-149
Mockus, p. 56
Modem, p. 101, 108
Molen, Awoiska van der, p. 30, 33
Mondriaan, Piet, p. 151
Monocle Design Awards, p. 117, 119
Moooi, p. 151
Moot Court, p. 156-157
Museum + Heritage Award, p. 132-133, 138

N
Naber, Mariko, p. 52
Nair-Lacheta, Isabelle, p. 152
NASA, p. 155
Next Nature Network, p. 10-21
NFT, p. 144
Nieuwe Instituut, p. 144, 188
Noyons, Anna, p. 53
NPN Drukkers, p. 187

O
OASE, p. 46
OBJECT, p. 147
Omlab, p. 156-157
One Show Awards, The, p. 129

P
Pakhuis de Zwijger, p. 148
Park, Eunju, p. 60-61, 69
Perfect Day, A, p. 146-147
Pictoright, p. 191
Plantiarchy, p. 156-157
Pola, Bobby, p. 49

R
Random Studio, p. 100, 108
Rapagni, Nicholas, p. 18-19
Raw Color, p. 49, 147
Reboot, p. 144-145
Red Dot Awards, p. 94-95, 97, 99
Renault, p. 155
Renes, Jerry, p. 56
Rietbergen, Daan, p. 130, 138
Rijksmuseum Twente, p. 151
Roeters, Rogier, p. 147
Romanowska, Monika, p. 60-61, 78
Ron Mandos Public Choice Award 2023, p. 67
Royal Academy of Art, The Hague, p. 64, 75-76, 80
Ruigoord, p. 156

S
Sala, Bas, p. 52
Sampat Studio, p. 152
Santen, Barbara van, p. 2-3, 34-37 86-139, 140-157, 174-179, 184
Schaap, Franka, p. 132-133
Schaik, Marjo van, p. 142
Schoemaker, Loïs, p. 60-61, 73
Schot, Bas van der, p. 131, 138
Schreuder, Marcel, p. 57
Screenwear, p. 142-143
Seegers, Jelle, p. 88, 136, 139, 155
Shaheen, Khattar, p. 60-61, 82
Shiva Vase, p. 150
Sikkens Prize, p. 120, 128
Songs for a Passerby, p. 143
Sottsass, Ettore, p. 150
Springtime Design, p. 57, 88, 94-95, 99
St. Joost School of Art & Design, Den Bosch, p. 82, 115
Stedelijk Museum Schiedam, p. 144
Stichting Stokroos, p. 160-161
Stimuleringsfonds, p. 133, 190
Stinesen, Siem, p. 54
STRP, p. 147
Studio Airport, p. 89
Studio Corvers, p. 160, 172-173
Studio Dumbar/DEPT®, 124-125, 129
Studio Joost Grootens, p. 117, 119
Studio Louter, p. 132-133, 138
Studio Petra Vonk, p. 54
Suijkerbuijk, Raoul, p. 62, 85
Sunflower Soup, p. 156-157
Super Local, p. 127, 129
Symbiocene, p. 156
Symbiosis Symposium, p. 156

T
Tailors & Wearers, p. 90-91, 98
TDC Awards, p. 129, 130, 138
The Embassy of the North Sea, p. 156-157
THE NEW STIJL, p. 154-155
Tijssen, Sophie, p. 2-3, 8-9, 22-33, 48-57, 58-85, 158-173, 184
Tinder, p. 151
TODAY, p. 51
Tomlow, Clemens, p. 62-63
Toorn, Jip van den, p. 147
Triumph Studios, p. 96, 99
TU Delft, p. 134-135, 139
Tugnolo, Giulia, p. 152
Twaites, Thomas, p. 155

U
Uitgeverij Lannoo, p. 115
Ukraine. People. Courage. Posters, p. 143

V
Vaerenbergh, Gijs Van, p. 150-151
Verbeek, Thijs, p. 120, 128
Verseput, Joey, p. 160, 168-169
Vershinina, Anna, p. 89, 105, 109
Verstand, Nick, p. 151
Virtual Reality (VR), p. 141, 143-144
Vliet, Viveka van de, p. 160-173
Vlisco, p. 12-13
Vonk, Petra, p. 54
VR Gorilla, p. 134-135, 139
Vreekamp, Laurens, p. 55
Vries, Marloes De, p. 50

W
Wamelink, Wieger, p. 14-15, 89, 105, 109
Wave, p. 143
Webby Awards, p. 98
Weinberg, Charles, p. 60-61, 68
Wereldmuseum, p. 98
Wigman, Lotte, p. 60-61, 65
Willem de Kooning Academy, Rotterdam, p. 70-71, 73

Y
Young Talent Award Manifestations 2023, p. 75, 81

Z
ZO, p. 160, 168-169

Editors:
Barbara van Santen (editor-in-chief),
Sophie Tijssen (editor-in-chief),
Pao Lien Djie, Diana Janssen,
Jean-Louis Goossens, Rita van Hattum,
Madeleine van Lennep

Texts:
Edo Dijksterhuis, Pao Lien Djie,
Diana Janssen, Jeroen Junte,
Koert van Mensvoort,
Barbara van Santen, Sophie Tijssen,
Viveka van de Vliet

Selections:
Pao Lien Djie, Diana Janssen,
Dewi van de Klomp, Barbara van Santen,
Sophie Tijssen and the Raad Toelating,
Geschillen en Advies BNO (Council of
Admission, Disputes, and Advice):
Job van der Pijl (chairman),
Rita van Hattum (secretary),
Roel Bettonviel, Cynthia Boom,
Sander Bos, Jaap Huijgen, Lienke Raben,
Anouk Stoffels, Edgar Walthert

Translations:
Liz Keel, Dave Nice

Design:
studio de Ronners

Cover:
ONDO, 3D woven textile, collection
Architextiles by Aleksandra Gaca
Photography: Sjoerd van der Hucht

Typography:
Diatype, Dinamo
DTL Elzevir, Dutch Type Library

Printing:
NPN Drukkers

Paper:
Igepa
Holmen TRND 2.0 70 g/m²
Maxi Offset 140 g/m² (endpapers)

Cover Paper:
Wibalin Finelinen Wit

Printed and bound in the Netherlands.

Publisher:
nai010 publishers

nai 010

Distribution:
nai010 publishers, Rotterdam
For distribution, sales and handling BNO cooperated with nai010 publishers. nai010 publishers is an internationally orientated publisher specialised in developing, producing and distributing books in the fields of architecture, urbanism, art and design.
nai010.com

nai010 books are available internationally at selected bookstores and from the following distribution partners: North, Central & South America - Artbook | D.A.P., New York, USA, dap@dapinc.com
Rest of the world - Idea Books, Amsterdam, the Netherlands, idea@ideabooks.nl

For general questions, please contact nai010 publishers directly at sales@nai010.com or visit our website nai010.com for further information.

ISBN 978-94-6208-795-8
NUR 656 (Styling & Design)
BISAC DES000000 (Design General) / REF027000 (Yearbooks & Annuals)

Dutch designers Yearbook 2023-2024 is also available as e-book:
ISBN 978-94-6208-819-1 (e-book)

Partners:
This publication was made possible by financial support from ASF Goede Doelen Fonds and Pictoright Fonds.

DESIGN
MUSEUM
DEN
BOSCH
society
design
designmuseum.nl